길없는 길위에서

이현주와 김진호의 대화

길 없는
    길 위에서

이현주와 김진호의 대화

2021년 12월 15일 초판 1쇄 펴냄

대담 이현주, 김진호
편집 김수진
펴낸이 신길순

펴낸곳 (주)도서출판 **삼인**
전화 02-322-1845
팩스 02-322-1846
이메일 saminbooks@naver.com
등록 1996년 9월 16일 제25100-2012-000046호
주소 (03716) 서울시 서대문구 성산로 312 북산빌딩 1층

디자인 끄레디자인
인쇄 수이북스
제책 은정

ISBN 978-89-6436-211-2 03300

값 16,000원

길없는 길위에서

이현주와 김진호의 대화

삼인

편집자의 말

전 세계를 휩쓸고 있는 코로나19와 기후위기로 드러난 대전환의 시대, 우리는 지금 한 번도 가보지 않은 길 위에 서있습니다. 인공지능과 생명공학, 기술의 발달이 인간이란 무엇인지 물음을 던져오고, 제 역할을 외면해온 종교와 정치의 민낯이 드러나며, 사회·문화 전반에서 극단적인 이원성이 충돌하는 지금, 개인과 공동체, 아니 인류 전체가 길 없는 길 위에서 이정표를 찾고 있습니다.

이현주 목사는 노자와 불교의 가르침을 비롯해 루미로 대표되는 수피즘에 이르기까지 기독교의 지평과 그 품을 넓혀왔습니다. 또, 김진호 선생은 민중신학을 바탕으로 노동자와 여성, 성소수자 등 우리 사회 낮고 어두운 곳을 직시하고 고발해왔습니다. 이 책은 두 분의 대화를 통해 지금 여기를 어떻게 살아갈지, 서로의 지혜를 나누며 이 새로운 시대 속으로 한 발 성큼 디뎌보려는 시도입니다.

우리 모두가 한 번도 가보지 않은 길 위에 선 지금, 이 책에서 저마다 작은 이정표 하나씩 발견하게 되시기를 바랍니다.

차례

편집자의 말   4

팬데믹과 그 이후   10

기후위기와 우리의 삶   40

갈등과 혐오를 풀어가는 법   84

배우고 가르치는 일   122

영성이란 무엇인가   168

죽음을 대하는 태도   216

팬데믹과 그 이후

김진호(이하 '김') 안녕하세요, 목사님. 만나서 반갑습니다.

이현주(이하 '이') 어서 오세요, 선생님. 반갑습니다.

김 저는 민중신학자 김진호입니다. 주로 글쓰고 가르치는 일을 하고 있어요. 저는 보통 눈에 보이는 것들을 찾아 이야기하는데, 목사님은 보이는 것 너머를 이야기하는 분이시라 이 만남을 기대했습니다.

이 눈에 보이는 거 굉장히 중요하죠. 보이는 걸 못 보면, 안 보이는 것도 볼 수 없어요. 공자의 격물치지格物致知가 그런 게 아닌가 싶어요.

김 사실 우린 보이지 않는 것을 말하는 일이 너무 서툴고 낯설죠.

이 대개 보이는 것은 눈만 있으면 볼 수 있지만, 예수는 '너 지금 보는데 못 보고 있다'고 묘한 말을 하죠. ㅎㅎㅎ

김 2006년 즈음 희망제작소에서 만드는, 일종의 정책제안서 작업에 참여했는데 제가 교육 쪽을 맡았어요. 주로 인터뷰를 통해 생각을 발전시켰는데 그때 제가 목사님을 인터뷰한 적이 있습니다. 목사님 충주에 사실 때였어요.

이 아, 저는 기억이 안 나네요. 선생님을 한번 뵌 적은 있는 것 같은데, 그런 일이었는지는 생각이 안 나네요.

김 그때 나뭇잎과 이야기 나눈 것을 들려주셨어요. 저로선 상상할 수 없는 세계지만 그게 계속 기억에 남아있었어요. 우린 계속 보이는 세계만 이야기하고, 보이는 세계라 해도 누가 말해주지 않으면 못 듣잖아요. 저는 늘 그런 게 좀 배고프거든요. 그래서 한 수 가르침을 기대하고 왔습니다.

이 교회가 있어서 교회당이 있잖아요. 교회는 보이지 않지만 그리스도의 몸이라는 실체가 분명하죠. 교회당이야 있다 없어지기도 하지만 교회는 시도 때도 없는 거고, 그게 진짜죠. 교회당은 그림자라고 볼 수 있는데, 사람들이 주로 그림자 경계에만 머무르다 보니 문제 같아요.
혹시 제 얘기가 잘 들리나요? 제 귀엔 안 들려서요. 내가 무슨 말을 하는지는 아는데 그게 내 귀에 들리게 하려면 목소리를 높여야 돼요. 그러면 듣는 사람이 피곤해하는 것 같아서 목소리를 안 높이게 됐어요. 내 말이 내 귀에 안 들리니까 가끔은 듣는 사람한테 이렇게 확인해 봐요.

김 네, 잘 들립니다. 제 소리는 들리시죠? 저도 이게 저희 어머니하고 이야기하는 톤이에요.

이 네, 저도 이 정도면 잘 들려요. 내 말이 나한테는 안 들리는데 상대방한테는 들린다니 참 신기하네요. ㅎㅎ

김 요새 코로나19로 사회 전체가 어렵고 다들 지내기 힘든 것 같은데, 어떻게 지내셨어요?

이 저는 딱히 불편하지 않았어요. 제가 사람들과 어울리는 활동을 많이 하지 않으니 특별한 경우라고 볼 수 있겠죠. 어렵다면 어려운데, 새롭다면 새롭고요. 코로나 때문에 어렵거나 곤란하다는 건 없어요.

김 근황은 어떠세요?

이　번역을 세 권쯤 하고 있어요. 그걸 조금씩 하다가 낮에는 산책 좀 하고, 누가 만나자면 만나고요. '사랑어린학교'라는 데서 일주일에 두 번 중학생 아이들 만나는 수업만 정해져 있어요. 그 외엔 그냥 닥치는 대로 삽니다.

김　저는 약간의 불편함은 있지만, 현직에서 은퇴한 덕에 노동자나 소상인처럼 절박한 처지는 아니에요. 여러 나라들이 상점이나 기업, 공장을 정지시키는 '셧다운shut-down'을 실시했고, 사회 폐쇄를 뜻하는 '락다운lock-down'을 선포하기도 했는데, 다행히 우리나라는 거기까지 이르지는 않았어요. 한국의 방역이 전체적으로 매우 고무적인 것은 분명합니다. 하지만 여전히 많은 사람들이 이제껏 없었던 혹독한 시간을 겪고 있는 것도 분명합니다.

이　원래 몸에 익숙한 걸 하면 힘들지 않죠. 하지 않던 걸 하거나, 하던 걸 못하게 되면 힘들죠. 바뀐 상황을 순하게 받아들이지 못하는 거죠. 평소 건강한 사람이면 웬만한 바이러스도 견뎌낼 수 있잖아요. 평소에 어떤 변화나 자기 마음에 안 드는 상황을 받아들이는 연습이 되어있다면 코로나 때문에 바뀐 상황을 받아들이는 것도 그리 어렵지 않을 거라고 봐요.

김　어떤 변화도 능히 감당할 수 있는 내공이 있다면 분명히 잘 이겨낼 수 있을 것 같아요. 어쩌면 내공이 부족한 저 같은 보통 사람도 시간이 지나면서 차츰 견뎌내는 힘이 생길 수도 있을 것 같고요. 그런데 저는 그런 정신의 힘도 평등하게 갖춰지는 건 아니라고 생각합니다. 하루하루 허덕이며 사는 이에게 내공을 위한 수련은 좀 사치스런 일 아닐까요. 물론 가난하고 배움이 적은 사람 중에도 대단한 분이 있겠죠. 예수님처럼요. 하지만 평균적으로 좀더 열악한 계층일수록 같은 상황에서도 시련이 훨씬 더 엄혹하지요. 그것을 감내하는 여건도 절박하고요. 시련을 견뎌낼 자산도 없고, 사회적 보호망이 없는 사람일수록 더 많이 무너지는 것 아닐까 해요.

무엇보다도 경제적 능력이 중요한데, 코로나 사태는 특히 가난한 사람들에게 더욱 심각한 경제적 재난이 되었어요.

이　사실 우리 그동안 너무 많이 먹지 않았어요? 다들 지나치게 돈을 쓰지 않았나 싶어요. 요즘 아이들을 보면 밥 먹는 태도가 보고 있기 어려울 정도예요. 고맙다는 마음이나 음식에 대한 존중이 없어요. 어렸을 때 엄마가 숟가락 들고 따라다니며 먹인 것을 먹어주던 게 몸에 배서 음식 고마운 줄 몰라요. 아무래도 세계가 식량문제로 아주 곤란할 때가 오지 않을까 싶은데, 힘든 말이지만 저는 차라리 그게 기다려져요. 저는 먹을 게 없어 배고픈 사람들의 심정을 알아요. 그러니까 먹을 게 있으면 소중하고, 함부로 남기거나 버릴 수 없어요. 물질적으로 지나치게 풍요로운 게 좀 가라앉게 된다면 이것도 좋은 소식 아닌가, 말하자면 인간들을 억지로 정신 차리게 하는 것이죠.

김 코로나의 교훈이 있네요.

이 저는 좀 그렇게 봐요. 왜들 그렇게 돈을 많이 쓰면서 먹고 돌아다니는지.

김 일제 강점기 끝자락, 강탈의 끝을 달리던 시기에 태어나시고 아무것도 없이 그나마 남은 것까지 다 잿더미로 만들어버린 한국 전쟁을 살아냈던 목사님 같은 분들에게 지금의 풍요는 분명 사치로 느껴지실 것 같아요. 저희처럼 보릿고개를 얘기로만 듣던 세대들은 절대빈곤이라는 걸 상상도 못하죠. 그래서 과잉 섭생 문화를 지적하신 것에 더 할 말이 없습니다.

그럼에도, 그런 문화 속에 살고 있는 모두에게 너무 많이 먹는다고 일반화해서 얘기하는 것도 충분한 설득력이 있는 건 아니라는 생각이 듭니다. 상대적 빈곤의 시대에 가난을 절망하며 자기 목숨을 끊거나 무력감에 빠져있다면, 그것을 사치스런 자살이나 사치스런 무력감이라고 폄하할 수만은 없을 것 같아요. 물론 목사님이 그렇게 말씀하신 건 아니지만 그렇게 들을 수도 있다는 생각에서 한마디 보탠 것입니다.

아무튼 《워싱턴포스트(The Washington Post)》나 《가디언(The Guardian)》처럼 세계적인 진보 언론들이 우리나라가 코로나 방역 잘한다고 보도를 했어요. 민주주의 제도가 발달하고, 감염 상태를 국민들에게 더 많이 알린 나라일수록 방역을 잘했다고요. 그런데 IMF 연구팀이 최근에 일어난 다섯 번의 팬데믹 사태에 175개 나라가 어떻게 대응했는지를 조사했더니 잘 살건 못살건, 민주주의 국가건 권위주의 국가건, 모든 나라에서 양극화가 심화됐다는 거예요. 그런데 심화된 양극화 상황에서 상대적으로 여유 있는 계층은 이 상황을 좀더 성찰하는 것처럼 보이는데, 더 절박한 입장으로 추락한 계층은 트럼프 같은 극우주의 지도자들에게 포획되는 경우가 자주 나타나고 있어요. 그러니까 코로나는 빈곤의 양극화를 심화시킬 뿐 아니라 고통 체감의 양극화도 심화시켰고, 성찰과 퇴행의 양극화도 가속화시켰다는 거죠.

이 이해가 되네요. 이것이 양극화를 심화시켰다는 건 누구나 알고 있죠. 인간들의 기본적인 생각이 변하기 전에는 사회주의냐 자본주의냐에 상관없이 양극화가 더 심해질 거라 예측해요. 갈 때까지 가야 되거든요. 코로나가 그걸 촉진시켰을 수는 있겠죠.

김 2008년에 '리먼브라더스 사태'라는 미국발 경제 위기가 있었어요. 우리는 1997년에 경제 위기를 겪었지만, 그건 주로 우리나라를 비롯한 아시아의 개발도상국들에 국한된 재앙이었죠. 그런데 2008년 미국발 경제위기 때는 미국을 비롯한 서구 선진국

들까지도 재앙에 휩싸였어요. 그 파장은 한국 같은 개발도상국이나 저개발국에도 심각한 위기를 초래했고요. 월드뱅크, IMF 같은 국제기구들도 앞다퉈 대응책을 논의했죠.

신자유주의가 '창의적인 1인'을 강조하고, 그 사람이 창의성을 발휘하려면 규제를 완화해야 된다고, 한 사람의 성공으로 여러 사람이 낙수효과를 본다면서 전 세계적으로 작은 정부, 규제 철폐를 얘기했잖아요. 한데 2008년의 경제위기를 겪으면서 신자유주의에 제일 앞장섰던 IMF가 규제완화나 성장이 아니라 동반성장, 포용성장, 상생을 이야기하는 거예요. 진보의 언어가 자본가들의 언어로 바뀐 거죠. 그렇게 상생과 동반성장에 관한 담론들이 '뉴노멀New-Normal'이라는 말로 포장돼 새로운 가치로 등장한 거예요.

우리 모두 연결돼있다, 한 사람의 성공으로 낙수효과를 볼 게 아니라 같이 살자는 논리는 멋지잖아요. 근데 이게 실제 적용되는 건 서양의 시민사회고, 남아시아나 아프리카의 빈곤국에는 포용성장 이데올로기가 안 먹혀요. 아시아나 아프리카는 더 빈곤해졌죠. '뉴노멀'처럼 멋진 말은 서양 시민사회에서나 진보의 가치로 여겨지죠. 서양 사회도 불평등이 심해서 빈곤계층들은 진보의 포용성장 같은 말을 안 믿는 거예요. 그러다 트럼프 같은 극우주의자에 솔깃해져 이상한 정권이 탄생하고요. 말씀하신 것처럼 불평등은 코로나 전부터 있었고 어제오늘 일이 아닌데, 코로나는 이전의 금융자본 위기보다 훨씬 혹독해요.

이 위기는 기회라고도 하잖아요. 어쩌면 답답한 게 아니라 숨통이 트이는 계기가 될 수도 있지 않을까. 제가 볼 때 코로나가 제일 먼저 우리에게 준 거는 인류 최초의 글로벌한 경험이에요. 지구에 있는 모든 인간들이 같은 것으로 고민하고 허둥지둥하는 것은 지구별이 생긴 이래 처음일 거예요.

김 코로나가 덮쳐와 상생, 포용성장 같은 게 뉴노멀이 되면서, 같은 뉴노멀의 실천전략으로 전면에 새로 등장한 슬로건은 '언택트 untact'잖아요. '컨택트contact'가 아니라 '언택트'. 겉으로 보면 상생이란 거리두기가 없어져야 가능하잖아요. 옆 사람과 내가 아무 거리감 없이 연결되어 있다고 생각해야 포용성장도 상생도 가능한데, 제가 갖는 의심은, 거리두기가 상생의 가치와 모순 아닌가 하는 거예요. 코로나19로 대두된 비대면 시대에 언택트와 상생은 어떻게 연결될 수 있을까요?

이 '거리두기'란 말이 이번에 만들어진 단어잖아요. 전 세계가 다 쓰는 말인데, 이건 코로나가 준 단어죠. 단어는 해석하는 사람에 따라 다르고, 그렇다면 이걸 어떻게 해석할 것이냐의 문제 겠죠. 적극적으로 생각하면 이 안에 기회가 있다고 볼 수 있어요. '거리'라고 하면 보통 떨어져 있는 걸 연상하지만, 붙어있으면 관계가 불가능해요. 내가 선생을 본다는 얘기는 우리가 적당히 떨어져 있으니 가능한 거죠. 거리는 굉장히 소중하고, 그것이 머냐 가까우냐는 그때그때 보는 사람 관점에 따라 달라지겠죠.

누가 그러더라고요. '성탄절이란 예수가 어머니 품에 안기고 싶어 어머니에게서 분리돼 나온 날이다.' 그러니 떨어져야 해요. 거리라는 게 존중받아야 하나가 될 가능성이 있죠. 이 거리를 어떻게 건강하게 잘 둘 것인가를 고민해야겠다 싶어요.

코로나는 인종차별이 없잖아요. 부자냐 가난하냐, 늙었냐 젊었냐도 가리지 않고, 그냥 인간이죠. 그것이 인간들에게 알게 모르게 주는 영향이 있다고 봐요. 내가 내 옆 사람하고 어떤 거리를 유지해야 하는지 각자 고민하게 되면 지금까지와는 다르게, '배타排他'라는 단어가 없어지지 않을까요. 서로 반대만 하는 게 아니라 안아주고, 모자란 거 좀 채워주고, 이렇게 되도록 코로나가 강제로 몰고 가는 게 아닌가 싶어요.

김 거리를 두면서 못 보던 걸 볼 수도 있겠네요. 가족이라는 관계도 너무 가깝다보니 갈등이나 폭력이 생겨날 수 있는데, 그런 것을 볼 수 있다는 말씀 같아요.

이 전에는 아버지 권위 밑에서 엄마가 아무것도 못했잖아요. 아버지 명령 하나면 집안의 모든 일이 결정됐잖아요. 이건 거리가 없었다는 얘기예요. 서로 당당하게 얘기할 수 있는 거리가 없었죠. 그러니 거리두기를 하게 된 건 어떤 면에서 좋은 소식 아니

에요? ㅎㅎ

김 좋은 면을 읽어주시니 위안이 되네요. 하지만 저는 부정적인 면을 더 보게 돼요. 코로나는 부자나 가난한 자나 가리지 않고 감염되지만, 그리고 모든 국민이 백신을 맞아야 안전하지만, 실제 코로나로 인한 인종차별은 넘쳐나고 있어요. 특히 아시아 혐오주의가 세계 곳곳에서 분출되고 있지요. 또, 부유한 국가는 백신을 독점하고 가난한 나라는 백신을 구하기 어려워요. 뿐만 아니라 감염된 이를 치료할 시스템이 제대로 작동하지 않아서 가난한 나라의 사람들은 엄청나게 죽어가고 있어요. 그밖에도 수많은 얘기를 할 수 있어요. 하나만 더 얘기하자면, 거리두기를 통해 많은 이들이 서로를 바로 볼 기회를 얻기도 하지만, 또 많은 이들은 사회적 거리두기 시스템을 유지하기 위해 거리두기를 포기해야 해요. 코로나 시대에 거리두기는 필요하고, 목사님 말씀처럼 중요한 것을 깨닫게도 하지만, 현실은 그렇게 아름답게 진행되는 것이 아니라고 생각해요.

이 그건 언어일 뿐이에요. 나쁜 것, 좋은 것이 따로 없어요. 그야말로 둘이 하나죠.

김 30년 전에, 그러니까 90년대 초에 제가 목사님을 처음 뵀어요. 그때 목사님이 한국민중신학회 포럼에서 발제를 하셨고, 제가

토론자였죠. 그때 목사님은 공동체와 나눔 등을 강조하셨거든
요. 그런데 저는 반론으로 공동체는 너무 거리를 없애는 거라서
현대 도시사회하고는 맞지 않으며 시대착오적이라고 말씀드렸
어요. 표면적으로만 보면 지금의 목사님과 제가 그때랑은 서로
입장이 달라진 것 같아요. 달라진 것이 맞는지, 아니면 제가 잘
못 이해하고 있는 것인지 궁금합니다.

이 어쩔 수 없이 좋다, 나쁘다는 표현을 쓸 수밖에 없지만, 잘한 게
없으면 잘못한 것도 없죠. 이거야 말로 공동共同이죠. 제가 80
년대 중반에 《공존(共存)》이란 개인잡지를 몇 번 냈어요. 당시에
장공 김재준 선생님을 찾아뵙고 말씀드리니, 제목에 좀 언짢아
하셨어요. 당시는 전두환과 대립하던 시절이라 '공존'이란 제목
자체가 불편하셨던 거죠. 하지만 전두환이 없는데 어떻게 민주
화를 하겠어요? 그게 제 생각이었어요. 그러나 나란한 두 개가
똑같지는 않죠. 잘한 것과 못한 것을 엄정하게 분간하되, 그것
들이 떨어져 있다는 건 착각이죠. 자식을 때리려면 놓고 때리지
말고 한쪽 팔로 안고 때리라는 말이 있어요. 그런 자세로, 분간
은 하되 둘이 마치 동떨어진 걸로 착각하지는 말라는 거죠. 상
대가 없으면 나도 없죠.

김 김재준 목사님과의 생각 차이는 동전의 양면, 같은 얘기의 다
른 표현 같은데요. 다시 사회적 거리두기로 돌아가면, 목사님은

이것을 신이 우리에게 주는 성숙의 기회로 삼을 수 있다고 보시는 거잖아요. 그러려면 우리 시대를 냉철하게 볼 필요가 있는데, 일단 지금 당장은 거리두기라는 것이 필요하잖아요. 근데 상황이 너무 빠르게 덮쳐오니까 우리가 거리두기의 위험한 측면들을 묻지 못했어요. 그러다 보니 얼마 전 외국인 노동자가 비닐하우스에서 얼어 죽은 사건처럼 표층에서 나타난 문제들이 있죠. 거리 때문에 멀어서 안 보이고, 못 본 것에 대한 미안함도 없어지는 상황 아닌가? 거리두기가 좋은 가치나 기회일 수도 있지만 어쩌면 우리 사회의 퇴행이거나, 우리의 무관심을 정당화하는 것은 아닌가 싶기도 합니다.

이 지금의 거리두기가 모두에게 똑같진 않겠죠. 할 수 없이 하는 사람, 적극적으로 하는 사람, 공공장소에서 마스크 쓰는 것도 당연한 사람과 아닌 사람이 있듯이요. 그러나 아무리 좋은 것도 힘센 사람이 강제하면 고약한 거죠. 거리두기를 하는 사람이 적극적으로, 기꺼이 하면 좋지 않을까 싶어요. 억지로 하는 거면 그 자체도 좋지 않죠.

며칠 전 학교에서 한 아이한테 어깨 좀 주물러달라고 한 적이 있어요. 그리고 나서 "방금 네 손을 내가 썼냐, 네가 썼냐?"하고 물어봤어요. 만일 내가 어깨 좀 주물러달라고 했을 때, 스스로 고민해서 '할아버지가 저렇게 아프다고 주물러달라고 하시니까 내가 손을 좀 빌려드리자' 하고 생각해서 왔다면 네가 네 손을 쓴 거지만, 아무 생각 없이 와서 주물렀으면 그건 기계라고, 내가 네 손을 쓴 거라고 말해줬죠. 남들이 네 몸을 그렇게 쓰지 못하게 하라고 얘기했어요.

누가 누구에게 무엇을 강제하는 것이 폭력이에요. 힘센 사람이 약한 사람에게 안하면 죽이겠다며 할 수 없이 하게 만들면, 그런 일이 닥치면 목숨 걸고 항거하라고, '나는 그런 부당한 일은 못 따르겠으니 죽여라!' 하는 각오로 살아보라고 이야기한 적이 있어요. 거리두기도 마찬가지로, 하는 사람이 어떤 의식으로 하느냐가 문제 같아요. 이것이 코로나가 준 좋은 기회라고 생각하면서, 기꺼이 하면 아무 문제가 안 될 것 같아요.

김 목사님의 논점은 '사람들은 어떻게 생각하는가'인 것 같은데, 제 경우엔 '진보는 어떻게 생각하는가, 보수는 어떻게 생각하는 가' 하는 틀로 보게 되네요. 세상에는 진보와 보수만 있는 것도 아니고, 진보라고 해서 모든 주제에 진보적인 것도 아닌데. ㅎㅎ 제 틀로 얘기하자면 사회적 거리두기에도 빈틈이 많고 보완할 점이 많은데, 진보는 그냥 지지만 하는 것 같아요. 보수도 깊은 생각 없이 그냥 반대하는 것 같고요. 그 보수의 최전선에 교회 가 있는데, 이 교회의 반대에 대해 어떻게 생각하세요?

이 그런 게 교회입니까? ㅎㅎㅎ 교회 간판은 많죠. 그런데 제대로 된 교회는 찾아보기 힘들어요. 교회의 가장 큰 문제는 교주가 왕따 당한다는 거죠. 기독교뿐 아니라 모든 종교가 다 그래요. 교주의 가르침이 무시당하고 경멸당해요. 그래서 저는 그게 교 회의 반대라고 보지 않아요. 모자라는 사람들의 생각이죠. 사 람들이 저한테 전광훈인가 하는 사람에 대해 물을 때도 있는 데, 저는 관심 없으니 그냥 떠들라고 해라 그랬어요. 그거 못하 게 하면 그 사람은 자신이 순교자라도 된 것처럼 굴 거예요. 아 까운 시간에 일고의 가치도 없는 것들에 왜 신경을 써요.

김 제가 보기에는 반대하는 개신교엔 네 개의 얼굴이 있는 것 같 아요. 이 네 개가 서로 겹치고 나뉘기도 하는데.

이 재밌다! ㅎㅎㅎ

김 하나의 그룹은 일단 현 정부가 무조건 싫은 거예요. 그들은 정부가 거리두기 하지 말자고 하면 또 싫다고 할 거예요. 전광훈 목사가 그런 것 같고요. 두 번째 케이스는 이런 것들을 세속적인 문제로 보는 거예요. 예배는 주님을 만나는 일이고 반드시 지켜야 하는데, 세속적인 이유로 예배를 하지 말라는 건 말도 안 된다는 주장이죠. 세 번째 얼굴은 세대주의자들인데, 이들을 설명하는 건 좀 어렵고 지루하니 간단히 말하면 음모론적 기독교라고 할 수 있어요. 시한부 종말론처럼 이 코로나가 종말, 마지막 때의 징후라는 거죠. 목사님과는 다른 의미로 코로나가 신의 뜻이라고 해석하면서 코로나 시대에 협력하지 않는 거예요. 이 시대에 세계를 정복하려는 그림자 정부가 있고, 그 하위에 한국 정부가 있으니 저항해야 한다는 거죠. 네 번째는 아주 작은 교회들이에요. 모이지 않으면 생존에 심각한 위협을 받는 교회들이죠. 좀 큰 교회들은 직접 모이지 않아도 다양한 방식이 있지만, 소형 교회들은 대면 예배를 포기할 수 없는 거예요.
제가 보기엔 이 네 개의 얼굴이 만났다 헤어졌다 하면서 나타나는 것 같아요. 이런 식으로 정부 대책에 무조건 반대하는 그룹과, 세속적인 문제로 치부해버리는 그룹과, 종말의 징조라고 말하는 그룹들은 같은 말을 하고 있지만 각기 다른 결이 있는 것 같아요.

이 글쎄요…, 이럴 때일수록 예수 이야기를 할 수밖에 없는데요. 예수는 왜 '넓은 길로 가지 말라, 멸망으로 간다. 생명의 길은 좁다.'고 했을까. 그건 무슨 뜻일까? 토인비Toynbee도 '창조적 소수(creative minority)'라는 말을 했다죠. 다수, 다중에는 희망이 없고, 역사는 소수, 지극히 작은 사람들에 의해서 흘러온 것 아닌가. 쫓겨난 사람들, 변두리로 몰린 사람들, 주류가 아닌 비주류, 그런 사람들에 의해 그나마 지구 역사가 지금까지 온 것 아닌가. 가만히 보면 지금까지 말씀하신 것들 안에도 깊이 고민하는 사람들이, 목사든 평신도든 있을 거라고 봐요. '이런 판국에서 교회를 한다는 게 뭔가? 교회가 뭔가? 목사 먹여 살리려고 하는 건가? 교회가 내 생계수단인가?' 하고 반성할 기회로 삼을 수도 있지 않을까요. 저는 그런 고민을 하는 아주 소수에게 초점을 두고 싶어요.

김 정말 공감이 돼요. 예수를 따르는 게 무엇인가, 어떤 방식으로 따라야 하는가에 대해 고민하고 얘기해야 한다고 봐요. 사람들은 이 시기에 질병으로만 고통스러운 게 아니라 수많은 고통들이 중첩되고 가중되어 있는데, 교회는 사람들에게 그 고통에 대해 이야기하지 않아요. 고통을 겪는 이들에게 위로의 말도 않고, 나눔을 실천하지도 않아요. 아니 실은 몇몇 교회들이, 성직자들과 신자들이 그렇게 하고 있는데, 그렇게 하지 않는 교회들이 너무 많으니 사람들에게는 교회가 아무것도 안하고 심지어 더 해를 끼치고 있는 것으로 보이지요.

저는 이게 좀 구조적인 문제 같아요. '좁은 길로 가라'는 복음의 원리가 무언지 물어야 하는데, 교회는 그동안 비용이 많이 드는 방식의 세팅을 해왔거든요. 일주일 내내 비워놓고 한 주에 하루만 쓰는 공간에 임대료는 다 내야 해요. 또, 큰 교회들이 돈 들여 멋진 상징들을 세우는데, 작은 교회는 그럴 여력이 안되는데도 뭔가를 하려니 그게 다 별도의 비용이 드는 일이죠. 그게 사람들의 삶과 연결된 일상적 상징도 아니고 낡고 상투적인 것들이에요. 같은 물건이라도 종교적 의미가 붙으면 더 비싸져서 별 것 아닌 목사 의전복, 강대상, 이런 것들은 디자인이 엉터리인데도 비싸요. 이렇게 비용이 많이 드는 구조, 그런 비용을 감당하는 것이 신앙이라는 담론이 유지돼온 거예요. 수많은 젊은 목회자들이 새로운 교회를 만들자고 강력히 주장해왔지만, 주된 흐름은 교회와 신자 규모 늘리는 운동에만 열중한 거죠.

이 아직도 그래요?

김 지금 기독교인 수나 출석률은 줄어들고 있어요.

이 잘됐네요.

김 그런데도 교회 수, 목사 수는 늘고 있어요. 양극화가 심화된다

는 뜻이죠. 이런 식으로 교단별 교회 정책을 만들고, 신학교에
서도 이런 이야기만 해왔죠. 우리나라 교회 거의 80퍼센트는
임대공간을 사용하는데, 신학교에서 배우는 교회론, 예전학 같
은 것은 전용 예배공간이 있는 교회에 대한 학문이에요. 전혀
준비되지 않은 젊은 목회자들이 종교라는 시장에 진입해 별 생
각 없이 그 길을 따라가는 거죠. 그러니까 그들에게 좁은 길이
란, 코로나 시대에 대면 예배를 고수하는 일일 수도 있어요.

이 대중, 떼로 뭉쳐가는 흐름…. 전체적으로 보면 그들이 있어서
소수자도 있는 거지만, 그래도 예수가 좁은 길로 가라고 한 가
르침에 대해서는 심각하게 고민해야 할 것 같아요. 대다수는 지
금 어떻게 해야 이 상황에서 교회가 살아남을까를 고민하는 거

아니에요? 큰 교회건 작은 교회건 질문은 그거잖아요. 이게 죽음의 길로 가는 거죠. 이건 살겠다는 거예요. 근데 예수는 살려고 하면 죽고, 죽으면 산다고 했잖아요. 그 얘기는 어디로 흘려듣고 저마다 살겠다는 건지. 여기서 누군가 '그래, 난 죽을래!' 하는 사람이 하나 있다면, 저는 거기서 희망을 보고 싶다는 거예요. 지금 이런 교회는 아무 의미가 없어요.

며칠 전 성공회신학을 공부한 사람이 저를 찾아왔어요. 그동안 학교에서 따돌림당하는 아이들과 지내면서 목회를 했는데, 성공회가 아닌 작은 교단에 가고 싶다며 의논하려고요. 그래서 왜 교단에 들어가려고 하느냐, 그냥 하라고 했죠. 그냥 목사라고 하면 되죠. 바울이 자기 스스로 사도가 됐지 누가 시켜줬나요? 목사라는 이름이 어떤 교단의 전용물은 아니잖아요. '나 목사야!' 하고 진짜 목사노릇 하면 되죠. 어떤 교단이 나보다 작다는 걸 겪어보았다면 거기 들어갈 이유가 없잖아요. 자기 나름대로 그게 길이라고 선포하면, 길이 생겨날 거라고 봐요.

하느님의 큰 계획 없이는 이렇게 큰 교회들이 무너질 리가 없어요. 지금 무너지는 게 보이잖아요. 이건 상징이에요. 무너진다는 건, 지금은 안 보여도 그 안에 싹이 자란다는 거예요. 무너지는 건 잘 보이지만, 그 안의 싹은 아직 안 보이죠. 하지만 있어요. 하느님이 살아계신데 그게 없을 리 없죠. 전혀 다른 멘탈리티를 가진, 생각이 다른 사람들이 나올 거예요. '시스템 필요 없어, 교단 안 가도 상관없어. 난 그냥 예수 가르침대로 살아갈 거야.' 하는 사람. 저분이 아무 준비 없이 이런 체제를 무너뜨리지 않을 거라고 봐요. 로마제국이 무너졌을 때도 이미 다른 나라들이 서 있었고, 미국이란 제국이 무너지면 체제가 전혀 다른 나라들이 생겨날 거라고 봐요.

김 제 관점에서, 진보는 언택트에 대해 성찰하지 않으며 찬성했고, 보수는 성찰하지 않으며 반대했다고 말씀드렸는데요. 반대하는 것은 원칙적으로 좋은 태도예요. 기존의 모범답안과 다르게 창의적으로 생각해야 하니까요. 그런데 당장 한국의 보수, 특히 교회는 '반대'가 퇴행적이어서 문제예요.

정부의 사회적 거리두기 조치에 따른 대면 예배 자제 요청에 많은 교회와 성직자들은 저항했지만, 대부분의 교회가 대면 예배를 중단했어요. 문제는 예배만 멈춘 게 아니라는 데 있어요. 그동안 교회가 해온 나눔 활동, 독거노인이나 장애인에게 도시락을 배달해주던 활동 같은 것도 다 멈춘 거예요. 정부는 사회적 거리두기를 융통성 없이 시행했고, 그로 인한 문제점을 섬세하게 고려하지 못했어요. 그런데 그런 취약계층에게 나눔 활동을 해온 교회 대다수는 예배 중단에만 집착했어요. 취약계층에 대한 사회적 배려 조치들이 멈춘 상황에서 교회가 이 문제를 제기하고 가능한 활동을 했다면 얼마나 좋았겠어요. 그런데 교회는 비대면 예배라는 대안적 수단이 있는데도 오직 예배에만 집착했던 거예요.

그런데 영국의 일부 교회들의 성직자와 신자들은, 국가가 사회적 폐쇄조치인 락다운을 선포한 상황에서, 독거자들과 장애인들의 집 앞에 도시락을 놓고 벨을 누른 뒤 다른 집으로 옮겨갔다는 거예요.

이 거봐요, 그런 사람들 나오잖아요.

김 언택트로 예수의 좁은 길을 성찰하는 방식을 보여주는 사례죠. 그런데 우리는 비대면 예배 논쟁에만 몰두하고 언론은 그런 소식을 발굴해서 전달하기커녕 그 논쟁으로 장사를 하고 있어요.

이 아까 말씀드렸다시피 그런 사람들의 바닥에 깔린 생각은 어떻게든 살아남자는 거예요. 예수 뜻을 따라 사는 건 안중에 없으니, 처음부터 잘못된 거죠. 코로나가 아니었다면 짐작도 못했던 사건과 상황이 벌어지잖아요. 뭔가 새로운 생각을 할 수밖에 없도록 저분이 우리를 몰아가시는 게 아닌가 싶어요. 문제가 아주 복잡해보여도 질문을 이렇게 바꿔보면 간단합니다. '넌 어떡할래?' 그러면 답은 금방 나와요. 저쪽에다 포커스를 맞추면 미로처럼 복잡해지고 여기저기 막힌 것 같겠지만, 그럴 때 예수가 쓰는 방법이 있어요. 간음한 여인에게 사람들 시선이 다 몰려있을 때 예수는 '너 자신을 봐!' 하고 말했잖아요. 그러면 답은 나와요. 지금이야말로 다른 의미에서 깨달은 개인, 독자적인 존재들이 생겨날 때가 아닌가. 그 개인은 '나'만이 아니라 '모든 것'과 같이 살아야 한다는 것, 나 혼자선 아무것도 할 수 없다는 사실을 이미 아는 존재예요. '나 혼자서라도 하겠다. 너희들에게 따라오라고 하지 않겠다. 세상이 이렇게 변해도 나는 이렇게 하겠다. 살고자 하는 길을 찾지 않겠다. 어떡하면 예수처럼 여기서 죽을 수 있는가, 그 길을 찾겠다.' 이런 돌연변이들이 나오지 않을까 싶어요.

우린 미처 모르지만 하느님이 아무런 대책 없이 우리에게 코로나를 안겨주신 게 아니라고 봐요. 아브라함이 집을 떠났을 때 목적지를 몰랐던 것처럼. 이건 그야말로 저분의 인도하심을 따라갈 수밖에 없는데, 저는 분명히 그런 개인들이 여기저기서 나올 것이라고 봐요. 남아메리카에서 하는 기초공동체 같은 것도 새로운 교회의 한 모습으로 널리 퍼지지 않을까 싶고요. 기성종교에서 말하는 교단, 교파는 의미가 없어지는 거죠. 예수에게 무슨 교단이 필요하겠어요? 내게 있는 빵 하나 없는 사람 나눠주는 일에 감리교, 장로교가 무슨 필요 있겠어요?

김 성찰한 개인들, 이런 것을 깨달은 선각자들이 정말 소중한 것 같습니다. 사실 최근에 어떤 트랜스젠더trans-gender 한 분이 자살하셨어요. 직업군인이었는데, 성전환수술을 받은 뒤 군인으로 인정받지 못하고 강제 전역당했고, 온갖 공격에 시달렸죠. 이런 활동을 지원해주던 사람들도 코로나로 활동이 둔화되고,

집회가 불가능하니 사회적 관심도 받기 어려웠고요. 지금 벌어지는 숱한 고통과 죽음의 양상이 있는데, 눈에 잘 안 보여서 더 심해진 것은 아닐까 하는 의문이 들거든요. 그런 차원에서 사회적·제도적으로 거리두기에 대한 성찰이, 언택트 뒤편을 보충하는 담론들이 좀 있으면 좋겠다 싶어요.

이 제가 사회나 제도에 대해서는 잘 모르겠고요. 그동안 한두 사람, 소수의 깨달은 사람들이 대중은 모르는 이야기를 많이 해왔죠. 이제 21세기부터는 예수나 석가 같은 소위 성현들의 가르침이 몇몇 소수자에서 끝나는 게 아니라 대중이 '아하, 그렇구나!' 하고 알게 되는 시대가 아닌가 생각해요. 인터넷으로 한 사람의 생각이 전 세계에 영향을 미치기가 굉장히 쉬워졌어요. 전에는 상상할 수도 없었던 거죠. 이젠 과학이 영성에도 관심을 갖게 되지 않았습니까? 이건 성스러운 영역을 머리로 생각할 수 있는 데까지 끌어내리겠다는 것이죠. 생각이 구체적으로 물리적인 힘을 행사한다는 것을 학교에서 배우고 실험한다고 생각해보세요. 그래서 아이들이 '아, 생각도 함부로 하면 안되는구나.' 하고 알게 되는 시대가 오고 있다고 봐요.

소위 '임계점'이라고 하나요? 천동설에서 지동설로 넘어간 사람들이 처음에는 소수였잖아요. 그런데 이 지동설 믿는 사람들이 얼마 이상이 되면서 세상이 달라진 거예요. 그래서 사람은 혼자 살 수 있는 게 아니고, 모두 함께 사는 것이죠.

제가 아이들과 실험을 많이 해보는데, 한번은 방울토마토를 하나씩 나눠주었어요. 그리고 지금 뭐 먹었냐고 물어봤어요. 처음에는 다들 방울토마토를 먹었대요. "너희들 방울토마토 먹은 건 나도 알아. 내가 줬잖아. 지금 내가 아는 걸 물어봤겠냐?" 하고 다시 생각해보라고 하면 금방 "할아버지 사랑을 먹었어요.", "농부 아저씨의 정성을 먹었습니다.", "생명을 먹었습니다." 하고 멋진 대답을 해요. 기성세대는 우리에게 생각할 기회를 주지 않았어요. 답을 정해줬죠. 이제 그런 시대는 끝났어요.

이건 하나의 예지만, 다른 예도 많아요. 저는 아이들에게서 희망을 봅니다. 아이들은 쉽게 알아들어요. 이런 아이들이 커서 목사나 장로가 된다면, 한두 사람이 역사를 바꾸는 거죠. 하느님은 이미 새로운 시대, 새로운 교회를 준비하셨다고 생각해요. 비대면이라는 것도, 조만간 백신을 맞고 코로나가 괜찮아지면 다시 마스크 벗고 사는 날이 오겠죠. 그러면 사람들이 대면한다는 게 얼마나 귀한 것인지 알게 될 거예요. 지금까지는 대면하고 이야기하는 것의 소중함을 몰랐지만, 비대면을 경험하고서야 비로소 얼굴을 맞댄다는 게, 교회에 모여서 예배한다는 게 얼마나 귀한지 알게 될 거예요.

김 목사나 신자들에게 설문해보면 대면의 소중함에 대한 이야기가 많은데, 저는 그 속에서 이웃을 보지 못하고 오로지 자신들만 보는 모습이 아쉬워요.

이 몰라서 그래요. 누가 일러줘야죠. 그러니까 선생 같은 분들이
　　기회만 되면 말해주세요. 아이들에게 아무리 가능성이 있다고
　　해도 챙겨주는 사람은 필요하잖아요. 그래서 사실 늙은이들과
　　아이들이 짝을 이뤄야 해요. 늙은이들은 잘못을 많이 저질러봤
　　고, 실수를 통해 얻은 지혜가 많으니 아이들에게 일러줄 필요
　　가 있어요. 노소간에 진정한 소통이야말로 아주 중요한 주제라
　　고 봐요. 프란치스코 교황도 젊은이들에게 관심 많잖아요. "하
　　느님은 젊다(God is young.)"고 하면서요.

　　희망은 있다고 봐요. 언젠가 독일 신학자 몰트만Jürgen
　　Moltmann이 한국에 왔을 때 'church for the poor, church
　　with the poor, church of the poor' 이렇게 세 가지를 이야
　　기한 기억이 나요. 처음에는 가난한 사람들에게 베푸는 교회, 그
　　들을 위해서 존재하는 거죠. 그 다음엔 그들과 나란히 있는 교
　　회, 그 다음에는 가난한 교회. 교회 자체가 가난한 거죠. 저는
　　이 과정이 바람직하지 않은가 싶어요. 그래도 인간이니까 서로
　　모자란 것 채워주고, 길도 알려주면서 함께 가야죠. 그러다 보
　　면 조금씩 바뀌어가면서 지금 내 머리론 상상할 수 없는 놀랍
　　고 이상한 세상, 좋은 세상이 되지 않을까 싶어요.

김 코로나 사태로 우리가 그런 세상을 꿈꾸는 계기가 되면 좋겠습
　　니다.

이 '노리치의 줄리안(Julian of Norwich)'이라는 13세기 영국 사람이 있어요. 그 사람이 예수님의 십자가 처형의 고통, 그걸 말없이 지켜봐야 하는 여인들의 고통을 몸으로 겪게 해달라는 이상한 기도를 해요. 그 기도가 이루어져서 30대쯤 죽을병에 걸려 실제로 고통 속에서 몸이 싸늘하게 식어가는 경험을 하죠. 종부성사도 받고 죽음을 맞이하려는데, 그때 통증이 사라지면서 예수 십자가 처형 현장의 열여섯 장면을 보고 음성도 듣게 돼요. 그걸 책으로 기록도 하고요. 그 원고가 어떻게 살아남아서 그 사람이 죽은 300년 뒤 17세기 런던에서 발견돼요. 그게 20세기 현대 영어로 나온 책이 얼마 전에 번역돼 나왔어요.

그 책에서 줄리안은 비참한 예수의 형상, 피가 엉겨 붙고 헐떡거리는 예수의 고통이 순식간에 환희로 바뀌는 걸 봤다고 해요. 그 사람이 본 전체 비전vision에 제목을 붙이라면 'All will be well. 모든 것이 다 괜찮다.'래요. 왜냐면 하느님이 하신 일이기 때문에. 예수를 죽인 것도 하느님이고, 살린 것도 하느님이니까. 그래서 전체로 보니까 모든 게 괜찮더라는 거예요. 죄라는 것도 없더라, 우리가 그렇게 부를 뿐이지. 'Jesus the Mother', 예수를 어머니라 부르기도 해요. 그렇게 보면 저는 낙관주의자라서가 아니라, 비관할 수가 없어요. 스스로 허락이 안돼요.

김 꿈을 주는 사람이 필요하죠. 망치를 들고 부수는 사람도 있어야 하지만, 꿈을 주는 사람도 필요해요.

이 맞아요. 꿈, 상상이 필요해요. 라이트 형제도 생각으로 비행기를
   만든 거잖아요. 어떻게 상상하느냐가 그대로 이루어지는 거예요.

기후위기와 우리의 삶

김진호(이하 '김') 지난 주 돌아가는 길에 문득 목사님이 '내 귀에 내 목소리가 안 들린다'고 하셨던 게 기억에 남더라고요. 저는 그게 어떤 느낌인지 상상이 안돼요. 내 귀에 내 목소리가 잘 안 들리는데도 말씀하실 때 목소리를 높이지 않으신다는 것이 놀랍게 느껴졌어요.

이현주(이하 '이') 전에 귀가 밝았을 때도 제 목소리가 크진 않았어요. 말하는 사람 목소리가 크면 듣는 사람도 불편하고, 경계하게 돼요. 제 경험으로는 말할 때 목소리를 높이면 이야기의 내용이 변질되더라고요. 정직한 데서 멀어지고, 허풍 떨고, 과장하게 된다는 걸 느꼈어요. 저는 목소리의 크기에 따라 이야기 내용이 영향을 받더라고요.

김 베토벤이 마지막 〈합창〉 지휘를 했을 때 연주나 합창이나 관객들 소리가 안 들렸을 텐데, 그 기분이 어땠을까 싶더라고요.

이 아마 내면에서, 머릿속에서는 소리가 들렸겠죠. 암으로 다리 하나를 절단했던 친구 말로는, 없는 다리도 아프대요. '환상통'이라던가. 아픈 게 다리에 있는지 머리에 있는지 모르겠다고.

김 고통도 유령이네요.

이 기억은 몸에 있고, 통증은 머리에 있다니 신기하네요. ㅎㅎ

김 얼마 전 다큐멘터리를 한 편 봤는데 코로나와 기후위기에 관한 이야기였어요. 코로나가 잡힌다 해도 '어미드amid 코로나'라고, 코로나를 적으로 여겨 절멸시키는 게 아니라 결국 공존하는 길을 찾아야 한다는 내용이었어요.

이 제2, 제3의 코로나가 또 올 수도 있겠죠.

김 몇 세기에 한번 나타날까 말까 했던 대규모 감염병이, 20세기 후반에 연이어 나타나고 있어요. 에이즈의 원인으로 알려진 HIV바이러스, 홍콩독감처럼 인플루엔자 계열의 바이러스, 신종플루라고 불렀던 그 바이러스 계열들이 연이어 번졌고, 최근에는 사스, 메르스에 이어 코로나19까지 코로나 계열의 바이러스가 전 지구를 덮치고 있어요. 너무 빠르게 바이러스 감염증이 대유행하는 거죠. 그래서 코로나19가 끝나도 대규모 감염증 사태가 끝났다고 단언할 수는 없어졌어요.

그래서 이제는 조금 더 근원적인 대안을 모색해야 하는 것 아닌가 싶어요. 백신은 저 감염증의 원인이 되는 바이러스나 세균을 박멸하자는 거잖아요. 그게 당장은 필요하지만 그것만으로는 대안이 될까 의심스러워요.

이 그 병으로 아프고 죽기도 하니 싫잖아요. 우리는 싫으면 본능적
   으로 밀쳐버리거나 도망가는 걸 수천수만 년 동안 연습해왔으
   니, 당연히 방역을 생각했던 거겠죠.

김 이들 감염증의 원인이 된 바이러스가 동물의 몸속에 살다가 종
   의 경계를 넘어 인간에게로 들어온 것들인데, 그래서 '인수공통
   전염병'이라고 부르잖아요. 그중 박쥐가 떠오르고 있어요. 많은
   바이러스가 박쥐에서 시작해 닭, 돼지, 낙타처럼 인간과 친숙한
   동물을 경유해 인간에게 왔다는 가설이죠. 박쥐는 인간만큼이
   나 개체수도 많고 수명도 제법 긴데, 바이러스가 박쥐에게는 그
   리 치명적인 파괴력 없이 서로 공생했어요. 바이러스들이 숙주
   로 삼기 좋은 몸이 박쥐였다는 얘기인데, 이 가설이 맞는다면
   박쥐에게 기생했던 바이러스들이 어쩌다 종의 경계를 넘어 인
   간에게 왔느냐는 거예요.
   사람은 수명이 더 길고 개체수도 넘치게 많으니 대이동하는 바
   이러스의 새로운 서식지로 괜찮은 거죠. 근데 인체에는 그런 바
   이러스가 생소하니까 인체를 지키는 최정예 수비대인 백혈구가
   대대적인 박멸에 들어가야 하는데, 바이러스도 생존을 위해서
   단순히 밀고 들어오는 것만이 아니라 백혈구에게 포착되지 않
   으려 온갖 은폐, 엄폐의 기술을 부려요. 그런 쫓고 쫓기는 치열
   한 생존게임이 벌어지는 가운데, 면역력이 약한 사람들은 증세
   가 심각해지고 사망에 이르기도 하고, 비교적 잘 이겨낸 사람

도 바이러스를 완전히 퇴치하지 못해서 다른 사람을 감염시키는 거예요. 백신은 이런 생존게임에서 인간에게 유리한 신무기를 외부에게서 유입시켜서 백혈구 등 인체방위군이 더 효율적인 방어전을 하게 해줘요.

문제는 바이러스도 순순히 죽지는 않는다는 거예요. 신무기를 무력화시키는 변이가 일어나죠. 자체 변이를 일으킨 돌연변이 바이러스가 백신 방어망을 뚫고 인체를 이리저리 돌아다니거나 다른 개체로 이동하면서 생존한다는 게 문제죠.

이 그래서 답은 뭐예요?

김 답이라기보다는 하나의 가설인데요. 서로 적대하고 박멸하는 프로젝트가 아니라 공존하는 프로젝트가 필요하다는 얘기예요.

이　이제는 사람들이 이것을 '방역'이라는 관점으로만 볼 수 없는 문제라는 사실을 알았을 거예요. 당연하죠. 그래야 하고요. 하느님이 사람만 만든 게 아니고 바이러스도 만들었으니까.

김　진화생물학 연구하는 학자들은 코로나19에 대한 우리 태도에 문제가 있다, 이제 절멸은 불가능하고 함께 사는 것이 중요하다고 말하고 있어요.

이　그렇죠. 코로나가 인류에게 준 메시지 중 제일 우선은 '이제 어떡할래? 함께 죽을래, 함께 살래?' 하는 물음 같아요. 중세의 페스트는 지역적이었지만 지금은 전 지구적으로 고민하잖아요. 사람들이 그리 바보가 아니니까 살아남는 길을 찾아가겠지요. 기후변화도 마찬가지고요.

김　아까 그 다큐멘터리는 코로나와 기후위기가 같은 데서 비롯되었다는 걸 이야기하고 있어요. 세계 곳곳에서 장기간 진행되는 산불, 원자력 발전소, 해양 오염 등도 단순한 자연재해가 아니라 사회적 재해라는 거죠. 제 식으로 말하자면 너무나 도를 넘어선 산업화, 파괴와 생산의 양 축이 어느 순간 균형을 잃어버린 문제 아닌가 싶거든요. 우리가 만든 문명이 지구 전체를 병들게 한다고 봐요.

이 불, 지진, 화산 같은 것들은 옛날에도 있었지만 이 모든 게 총체
적으로 다 오는 게 하나의 사인sign이라 생각돼요. 좀 다른 각
도의 이야기인지도 모르겠는데, 언제부턴가 사람이 자기가 이
세상의 중심이라 생각하는 거 같아요. 저 산에 사는 짐승과 자
기가 같은 운명, 같은 생명체라는 아주 간단한 사실을 잊어버렸
어요. 어제 〈늑대와 춤을(Dance with Wolves)〉이라는 옛날 영
화를 보았는데, 거기서 인디언들이 버팔로 사냥을 하잖아요. 그
런데 백인들이 버팔로를 잡아 가죽과 혓바닥만 뽑아가는 걸 보
고 인디언들이 기가 막힌 거예요. 돈 되는 것만 가져가고 나머
지는 그냥 버리는 거죠. 인디언들은 자기가 잡아먹는 짐승과 자
신을 그리 다르게 여기지 않아요. 같이 살아가는 거죠. 언제부
턴가 사람들이 아주 교만해져서 자기가 주인인 것처럼, 만사를
그 관점으로 보니까 자기가 무슨 짓을 하는지 모르는 거예요.
동물들이 보기엔 기가 막히겠죠. '누가 저보고 만물의 영장이
라 그랬어?' 하고요. 저는 '하느님'이란 단어를 쓰고 싶은데, 암
튼 하느님이 더는 그렇게 살면 안된다, 크게 회개하라, 안 그러
면 내가 이 지구 포기한다, 이런 메시지를 보내는 것일 수도 있
어요. 그러나 인간들이 그렇게 바보 같진 않아서, 가까운 시일
안에 소위 말하는 정신적인 변혁, 그런 게 일어날 것 같아요.
어제 수업 시간에 중학생들에게 무엇이든 질문해보라고 했더니
중학교 1학년짜리 한 녀석이 "전쟁터에서 적군을 죽이는 게 현
명합니까, 아니면 제가 죽는 게 현명합니까?" 이런 질문을 하는

거예요. 깜짝 놀랐어요. '저쪽을 죽이는 게 맞습니까, 아니면 내가 죽는 게 맞습니까?' 그래서 속으로 '이야, 이거 봐라, 확실히 세상이 달라지는가보다.' 했어요. 우리 땐 그런 질문을 생각도 못했잖아요. 이 질문에 답할 수 있는 건 이 질문을 한 사람이죠. 자기가 대답해야지 다른 사람이 대답해줄 수 있는 질문은 아니에요. 내가 너에게 이래라저래라 할 수는 없지만 나한테 어떡하겠냐고 물어오면 내 생각을 말해줄 순 있다고 했어요. "나는 내가 죽겠다. 사람이 살다보면 목숨 내놓고 할 일이 있어. 그건 좋지. 그러나 남을 죽이면서까지 할 일은 없다고 본다. 내가 내 목숨 내놓는 건 가능하지만, 다른 사람 목숨을 빼앗아가면서 이뤄야 할 일은 없어." 확실히 21세기에 좀 이상한 애들이 태어난다고 하더니, 그 아이가 그렇게 질문을 하더란 말이죠.

김 그런 질문이 뛰어난 학생의 날카로운 상상력이기도 하겠지만, 목사님도 저도 이 정도로 치열한 경쟁 속에 살진 않았잖아요. 저는 대학입시를 고등학교 3학년 2학기부터 시작했어요. ㅎㅎ 그런데 지금 아이들은 굉장히 치열해요. 초등학교 4학년 때부터 선행학습을 안하면 안된대요. 시대가 달라진 거죠.

이 슬픈 얘기예요. 대세는 그렇겠죠. 그러나 이런 아이들도 있어요. 아주 적은, 요런 녀석들이 일을 낸다고 봐요. 우르르 몰려가는 곳에는 그리 신경 쓸 게 없고, 소위 이 체제에 어울리지 못하는 사람들, 그런 사람들에게서 오히려 나는 희망을 봐요.

김 '누굴 죽이느니 내가 죽겠다'는 문제의식이 중요한데, 인간이 중심이라 생각하는 태도, 내가 살아남고 이기기 위해선 남도 죽일 수 있다는 가치관이 너무 만연해요. 현재 인류 역사가 20만 년 정도인데 그중 19만년 정도가 구석기시대래요. 기후도 나쁘고 변동이 심해서 도구를 사용하는 안정된 경작이 불가능하던 시대, 살아남는 데 급급하던 시대였고, 나중 1만년 정도 와서야 농경도 하고 도구도 만들기 시작했어요. 통제 가능성이 생긴 거죠. 역사적으로 철기시대 와서야 군주국가들이 등장하잖아요. 그 시대쯤 군주나 지배자들에게 '내가 중심이고, 저들은 어찌 돼도 상관없다'는 생각들이 자리 잡지 않았을까요.

역사 속에서 인류가 뭔가를 파괴할 수 있다는 생각은 아주 후대에 시작된 건데, 거기서부터 종교에 대한 상념도 시작되었잖아요. 오래전의 종교는 신이 대상화되어서, 인류가 그 내용과 의미를 구성해내고 신이 이랬을 것이라 상상한 거죠. 성서에 보면 신이 군주 같잖아요. 군주가 당연하던 시대의 감각이겠죠. 신은 군주처럼 명령하고, 명령받은 사람은 군주의 위임을 받은 통치자로 나타나는 내용이 성서 안에 꽤 있잖아요. 사람들은 신을 자신의 문명에 맞게 생각해낸다는 거예요. 신은 신인데, 사람들이 그 신을 묘사하고 발명해내고 자신들의 경쟁의 질서를 신에게 주입해내는 거죠. 신은 이런 인간에 대해 어떻게 생각할까요.

제 맘대로 만들어내고 기껏 자기들의 나쁜 질서를 수호하는 존재로 묘사하는 것에 대해서요.

어느 마을 생태운동하시는 분에게 교회가 생태에 관련해 방해가 되는 게 뭐냐고 물으니 '다른 종교에 비해 자기가 주인이라는 생각을 강화시킨다'고 하시는 거예요. 창세기에도 하느님이 세상을 창조하고 사람에게 다스리라고 하셨다면서요.

이 그게 사람이 중심이라는 거죠. 교회에서 하는 기도도 가만 보면 사람이 중심이에요. '저희가 이런 일을 계획했으니 하느님이 좀 도와주십시오' 대개 그러잖아요. 자기가 사수고 하느님은 조수야. 아직 종교는 이런 차원을 못 넘어갔다고 봐요. 예수가 바로 그걸 뒤집으러 왔고요. 하지만 예수 이름 들먹이는 사람들이 여전히 자기 중심이에요. 교회는 교회 중심이고.

환경, 기후변화, 코로나 같은 게 이 모든 걸 뒤집기 위한 하나의 방편 아니겠는가 생각해요. 이대로 가다가는 다 죽으니 살 궁리를 찾아야지요. '나 살아야 되니까, 너 죽어라' 이렇게는 안된다, 차라리 '내가 죽을게, 너 살아라' 이럴 때라야 둘 다 산다, 이게 예수의 가르침 아니에요? 이천 년 전이라지만 사실 동시대죠. 이런 지혜가 몇몇 깨친 사람들 입에서만 도는 게 아니라, 학교 교실 같은 데서도 살아나는 거예요.

김 교회 다니는 사람들한테 그 둘 중 어느 것이 종교의 정신이냐고 물으면, 말로는 내가 죽는 게 종교의 정신이라고 할 거예요. 이중적이고 유보적인 태도가 있죠. 어째서 교회는 이렇게 이중적일까요? 다른 종교는 같이 살자는 얘기가 많은데, 왜 기독교는 나만 살자고 하는가. 무엇이 기독교인을 그렇게 자기중심적으로 만들었을까요?

어느 생태주의 종교학자의 글에서 보니 '구원의 방주' 이야기가 문제래요. 어느 교회학교 선생님이 아이들에게 노아의 방주 이야기를 한참 들려주는데 어떤 아이가 '선생님, 시체는 어디 있어요?' 하고 물었대요. 노아가 배에 실은 식구들하고 동물과 새들 빼고 나머지는 다 죽었을 거잖아요. 49일 동안 비가 내린 뒤 물이 빠지고 노아가 배에서 나왔을 때, 배에 타지 못한 나머지 시체들이 널려있는 게 보였을 텐데 왜 성서에는 시체 얘기가 없냐고 그 아이가 물은 거예요. 모든 게 다 죽었다면 보였을 텐데 기록에 남지 않은 건, 그런 장면을 보고 싶지 않았거나, 봤다 해도 중요하지 않았던 거겠죠. 내가 살아남은 게 일단 중요하니까.

교회 안에 그렇게 성서를 읽고 가르치는 문화가 있어요. 성서가 배에 타지 못한 나머지에 초점을 맞추었느냐 아니냐도 치밀하게 묻지 않았지만, 그래도 응당 그 아이처럼 물어야 했잖아요. 신학자도, 목사님도, 가르치는 교사도 해야 할 법한 질문들을 하지 않은 거예요. 오히려 그 아이가 가르쳐준 거죠.

이 그럴 수밖에 없는 것이, 먼저도 말했듯이 교주의 의식 수준을 교도들이 따라갈 수 없잖아요. 차원이 다르고, 생각하는 것도 살아온 것도 달라요. 똑같은 이야기 할 거라면 교주가 필요 없죠. 다만 사람들이 다른 이야기를 들을 수준이 안되는 거고, 들어도 뭔 말인지 몰라요. 그게 종교의 한계라고 봐요. 이걸 정직하게 인정하고, 또 이걸 뛰어넘는 길이 있을까 궁리하면서 노골적으로 이야기해보면 어떨까요. 목사들이 '우리 목표는 그리스도교를 넘어가는 것입니다' 하고 얘기할 수 있는 시대가 오지 않을까, 저는 곧 올 것 같아요.

김 제가 노아였다면, 49일 동안 비가 억수처럼 내리는 상황에서 살아남아 하늘과 새들과 물 빠진 땅을 보며 안도의 마음, 기쁨이 있었을 것 같거든요. 설화지만 그 안에 들어있는 정서란, 정말 죽을 지경에서 한 줄기 빛을 본 듯한 느낌일 것 같아요.

이 설화는 그런 테마가 있으니 만들어지는 건데, 저는 그 결과보다 노아가 배를 짓는 과정을 눈여겨보고 싶어요. 노아는 남들과 좀 다르게 살아가는 사람이죠. 요즘 식으로 다른 사람들은 '돈, 돈, 돈' 하면서 살아가는데, 노아는 안 그런 거죠. 사회에서는 따돌림 당할 수밖에요. 그런데 하느님은 그 사람을 지명한 거예요. 그걸 좀 눈여겨봤으면 좋겠다는 거죠. 그런 사람이 살아남더라. '지금 이 흐름에 시비 걸 것도 없이, 이게 아니다 싶으면 거꾸로 살아가는 인간들한테 희망이 있다', 그 얘길 하려고 노아 설화가 만들어진 게 아닌가 싶어요.

김 물론 특출난 누군가가 있고, 그 사람을 통해 위기에서 벗어날 실마리가 있다는 사실도 중요하죠. 그럼에도 불구하고 그런 해석으로는 안 풀리는 게 '그 뛰어난 사람이 왜 나머지는 못 봤을까' 하는 문제잖아요.

이 설화가 되풀이되었던 것은 절체절명의 위기, 파괴, 살육 같은 데서 벗어난 사람들이 그 이야기를 통해 '아, 하느님이 우리를 살려냈구나' 하는 정서와 환호를 느꼈기 때문인 것 같아요. 하지만 오늘날 우리는 그 설화를 대개 누군가의 가르침과 믿음대로 했더니 살아남았다, 성공했다, 이뤄냈다로 읽는다는 거죠. 생존의 이야기가 성공의 이야기로 변하면서, 그 성공담 속에서 실패한 사람들은 안 보이는 거죠. 노아의 이야기를 하나의 성공신화처럼 읽어내는 것이 문제 아닐까요.

이 예수 입에선 '성공'이란 말이 안 나와요. 그분에겐 그 단어 자체가 없어요. 아직 왜 사는지 모르고 삶의 의미를 모르는 사람들이 '성공'이라고 말하는데, 아까 말씀드린 것처럼 내가 성공하면 누군가 실패하잖아요. 도박이랑 뭐가 달라요. 내가 돈을 따면 누군가는 잃잖아요. 잃는 사람과 자기는 전혀 별개의 사람이라는 착각이죠. 인류가 전부 근본적인 착각을 하고 있어요. '나라는 게 따로 존재한다는 생각을 '어미 착각'이라고 하잖아요. 내 물건, 내 나라, 내 민족 같은 건 처음부터 없는 거예요.

사실 노아나 당시 죽은 사람이나 다를 게 뭐 있어요. 이름이 노아면 어떻고 아무개면 어떻습니까. 그런데 사람들은 이름이 중요하다 생각하죠. '나'라는 사람이 살아남아서 죽은 사람은 안 보이는 거죠. 자기가 뭘 이뤘다고 생각해요. 성공이라는 게 뭔가를 이루겠다는 목표가 있어야 가능하잖아요. 성공하고 이루려면 노력하고 고생해야 하잖아요. 예수는 그런 말씀을 하지 않아요. 굳이 찾아보면 '열매'란 말은 몇 번 하시죠. 하지만 인생에서 열매를 맺는 것과 성공하는 건 다르잖아요. 열매는 저절로 되는 것, 제몫으로 살다보면 성과가 나오는 거잖아요. 이렇게 이야기 나누다보면 책이 나오기도 하고요.

사실 성공이라는 단어에 '신화'라는 말도 붙이고 싶지 않아요. 그건 착각이고, 착각의 종점은 허망함이에요. 이걸 위해 여기까지 왔나, 사실 아무것도 아니거든요. 금메달 땄다고 뭐가 다릅니까. 아무것도 아니에요.

김 우리는 기후위기를 겪고 있고, 작년엔 장마가 엄청 길었잖아요. 겨울엔 추웠고요. 과일이나 야채의 서식지도 바뀌는 이상 현상을 겪고 있는데, 코로나도 이것과 연관 있는 것 같아요. 특히나 다른 종교에 비해 기독교는 생태운동 관점에서 문제가 많아 보이고요.

저는 '구약'이라는 표현을 쓰지 않고 '제1성서'라고 하는데요. 구약은 기독교 외엔 쓰지 않는 표현이거든요. 자신들의 경전을 구약이라고 하면 기분이 나쁘니까요. 어쨌든, 제1성서에서 노아의 방주는 물에서 구원받는 얘기잖아요. 창세기 1장도 물이 빠져나가면서 창조가 일어나는 얘기죠. 노아의 방주는 두 번째 창조고, 거기엔 죽음이 들어있죠. 첫 번째 창조는 물이 흑암 같이 펼쳐진 세상을 얘기하니까, 뭔가 무섭죠.

실제 인류 역사를 보면 물이 빠져나가면서가 아니라 물이 불어나면서 문명이 시작되거든요. 빙하가 녹으면서 해수면이 높아지고, 기온이 높아져 안정되면서 사람이 살 수 있는 장場이 생겨요. 지구의 역사에서 보면 물이 해수면보다 높아지는 그 시기에 문명이 시작되는데, 성서에서의 창조 얘기는 물이 빠져나가면서 문명이 시작돼요. 창세기에서도 물이 빠지면서 하느님의 창조가 시작되고, 노아 얘기도 홍수였다가 물이 빠지면서 시작되죠.

성서에 나오는 이야기는 과학이 아니잖아요. 그 이야기는 물이 얼마나 무서웠는지를 보여주는 거죠. 홍수처럼 밀려온 물에 다 죽고 파괴된 상황에서 외치는 사람들의 신앙이 들어있죠. 제가 봤을 때 노아 이야기의 주된 정서는 살아남았다는 사실에 대한 환호예요. 그런데 '나는 선택받았고, 모두 다 죽어도 나만은 이 위대한 역사의 주체가 될 수 있다'는 식으로 성서가 해석되어왔죠. 성공의 관점에서 성서를 읽는 것과 비슷해요. 성서 속의 이야기를 겪으며 신앙을 고백한 사람들의 마음과는 다른 방식으로 성서를 읽고 해석해온 역사가 우리 성서 속에 덧씌워져 있어요. 그런 안경으로 성서를 보니 그 안에서 성공 이야기가 자꾸 보이는 거예요. 이런 관점을 바탕으로 생겨난 과도한 산업화, 균형을 파괴하는 문명 등이 기후위기나 코로나의 배경이 되었고, 그건 또 성서를 이렇게 보는 시각의 문제가 아니었을까 싶어요. 목사님 말씀과 같은 이야기인데 다른 식으로 이야기해본 겁니다. ㅎㅎ

이 그렇죠. 예수 그분이 오셔서 첫 마디가 '회개하라'는 거였잖아요. 지금도 마찬가지죠. 이렇게 가는 건 아니다, 크게 잘못됐다, 거꾸로 좀 살아라, 이런 메시지는 분명한 것 같아요. 신명기에 '내가 오늘 너희에게 축복과 저주를 내린다'고 나오잖아요. 똑같아요. 우리가 어떻게 해석하고 받아들이느냐에 따라 축복이 될 수도 저주가 될 수도 있죠. 열쇠는 우리한테 있다고 봐요. 종교 지도자들이 잘못된 성서 해석을 해왔다면 고치면 돼요.

김 왜 그렇게 잘못된 성서 해석을 하게 됐을까요?

이 아까 얘기한대로 모든 사람들이 착각 속에 사는 거죠. 나라는 게 세상과 유리돼서 존재한다고 생각하는 거예요. 내가 있으니 네가 있고, 우리가 있으니 너희가 있는 건데.
얼마 전 학교 아이들하고 '입구멍과 똥구멍에 어떤 차이가 있나'

를 얘기한 적 있어요. 그 둘은 같은 통의 두 구멍이죠. 어느 한 구멍이 막히면 다른 구멍도 막혀요. 이걸 잊어먹고 '내가 살자면 너는 죽는 게 당연하다'고 생각하는 거예요. '저 사람이 죽으면 나도 죽는다'는 생각은 못해요. 근데 예수님은 그 얘길 하신 거 아닌가. 이제부터라도 정신 차려서, 나무가 죽으면 우리가 죽는다는 것도 알아야죠.

탕자가 아버지 집을 떠나 고생 많이 했잖아요. 지금 우리도 그러고 있는 거예요. 그래야 돌아올 수 있어요. 돌아오면 옛날 그 집이라도 이젠 다른 집이죠. 내가 달라졌거든요. 이제는 나무가 얼마나 소중한지 아는 거예요. 저 어렸을 때만 해도 나무가 소중한지, 개울이 맑은 게 좋은지 잘 몰랐어요. 지금은 알죠. 한번 고생해봐야 아는 거죠.

누가복음에 잃어버린 세 가지 이야기가 나오잖아요. 동전하고 양은 아버지가 가서 찾아오는데 아들은 안 데려오고 집에서 기다리기만 해요. 왜 그럴까 물으면 아이들은 금방 알아요. "사람이잖아요. 사람은 양도 아니고 동전도 아니잖아요." 제가 이야기해주지 않아도 생각할 기회를 주니까 아이들이 생각해내요. "그래 맞아. 그래서 너 스스로 돌아가지 않으면 못가. 너는 돌아갈 수 있어."

그런 근본적인 고민을 하는 것 자체가 희망이에요. 그래서 이 기후변화도 하느님이 주신 선물이라고 확신해요.

김 생각할 시간도 주고, 어떤 말을 해도 야단맞지 않을 수 있으면
그럴 수 있는데, 그동안은 그렇게 말하면 믿음이 없다고 핀잔을
듣거나, 생각할 겨를도 없이 무조건 주입을 했잖아요. 종교행위
를 열심히 하는 게 중요했죠. 집회에 많이 참석하는 것이나…

이 더는 안 통할 걸요. 선생님은 그게 계속 통할 거라고 보세요?

김 안 통하면 좋은데, 사실 저는 교회에 별로 기대를 안 해요. 안
통해도, 안 통해야 할 텐데도 통하게 만들죠. 그런 일에 성공한
교회가 탄생할 것이 두려워요. 악화가 양화를 구축한다는 말이
있잖아요. 안 통하는 것을 성찰하고 반성하는 종교가 되어야
하는데, 소수를 제외한 대부분의 교회들은 억지로 통하게 만드
는, 악화 같은 교회를 따라하면서 지금의 위기도 위기 아닌 것
처럼 만들어갈까 걱정돼요.

이 그래요, 지금의 교회에는 기대할 게 별로 없어요.

김 그런데 왜 그렇게 기다려주지 못할까, 각자 생각할 기회를 주지
않고, 다르면 공격하게 됐을까, 또 그 공격이 먹힐까… 그 바탕
에는 교회의 일상적 문화가 있는 것 같아요. 한국인의 일반적인
민주주의 의식보다 교회의 민주주의 의식이 더 낮잖아요. 특히
종교 문제로 들어가면 더 닫혀있죠. 저는 그렇게 닫혀있는 종교

문화의 뿌리가 너무 깊은 게 문제 같거든. 문제는 종교, 특히 기독교가 우리 사회에서 닫힌 세력의 축이 되어 사회를 그렇게 만들려는 세력이라는 데 있어요. 흔히 사람들이 '수구꼴통'이라고 부르는 생각으로 세상을 만들려고 해요. 더 슬픈 사실은 그런 기독교의 힘이 너무 세다는 거예요.

저는 기독교가 왜 이렇게 되었을까, 그 메커니즘과 이유는 무엇일까를 묻는 데 관심 있는 신학자예요. 그 관점으로 보면 우리의 종교가 이렇게 된 데는 이런 이유가 있는 것 같아요. 종교는 한번 만들어지면 유지하려는 힘에 비해 쇄신하는 힘이 약하잖아요. 그래서 그 종교문화의 뿌리부터 질문할 수밖에 없는데요. 그리스도교라는 종교는 결국 로마의 제국종교에서부터 출발한 거잖아요. 그 전에는 예수를 그리스도로 여겼지만 각자의 방식으로 섬겼지 하나로 통합하려 하지는 않았고, 통합이 안된다고 죽이거나 빼앗지는 않았어요. 그런데 언젠가부터 하나의 신앙교리를 고백해야 되고, 같은 날 집회에 참여해야 하고, 여기에 동의하지 않으면 살아남을 수 없게 되었는데, 저는 그때부터 그리스도교라는 종교가 시작된 것 같아요. 결국 그런 관행이 지금 우리에게 질문할 수 없게 하고, 질문을 기다려주지 못하는 종교문화로 자리 잡게 만들지 않았나 싶거든요.

이 동감이에요. 왜 그렇게 되었느냐 묻는다면 그밖에는 할 말이 없겠죠. 역사를 공부하는 것도 좋은데, 저는 그럴 때마다 늘 관심의 초점이 제게로 돌아와요. 저 자신에게 '넌 어떡할래?'하고 물어요. '세상이 다 그렇게 된다 해도, 너는 어떡할래?' 이렇게 물으면 거기에 답이 있었어요. 다른 사람을 보면 답이 안 나와요. 지금도 그래요. 코로나를 보면 거기엔 답이 없어요. 나를 봐야죠. 사람도 마찬가지고, 종교도 마찬가지예요. 자기 자신을 보라는 게 예수인데 전부 다른 쪽만 보고 있어요. 그 방향을 돌려보는 거죠.

김 그런 문제의식을 갖고 저항하는 시대의 반항자들이 있었죠. 목사님처럼요.

이 저는 제가 저항했다고 생각하지는 않아요.

김 목사님 존재 자체가 저항이에요. ㅎㅎ

이 보기에는 그랬는지 몰라도 제가 무엇에 대한 저항을 의식한 적은 없었어요. 예수님도 마찬가지로 무언가에 저항하려고 했던 건 아니라고 생각해요. 다만 한 가지, 내가 여기에 혼자 온 것이 아니라 하느님이 보내서 왔으니, 오직 그 마음 가지고 살겠다고 하신 거죠. 그분이 무언가를 봤다면 하느님을 보셨을 거예요. 그런 정신으로 살다보니 다른 사람들이 볼 때는 시대를 저항한 것 같겠지만, 사실 자기 길을 갔을 뿐이에요. 방향이 세상과 좀 달랐을 뿐이죠.

좁은 길로 가라는 말을 많이 하잖아요. 한번은 제가 좁은 길이 이거구나 느꼈던 적이 있어요. 지하철 환승역에서 계단을 내려가는데, 방금 막 열차가 도착해 사람들이 우르르 계단을 올라오는 거예요. 내려가는 사람은 저를 포함해서 몇 명뿐이라 계단 옆으로 비켜서 내려갔어요. '아, 이게 좁은 길이구나. 좁은 길이 어디 따로 있는 줄 알았더니 많이들 가는 데랑 방향이 다른 거, 이게 좁은 길이구나.' 했어요.

김 좁은 길로 가는 게 중요하다는 점에는 공감하지만, 사람들이 그걸 좁은 길이라고 생각할까요? 하나하나 물으면 무엇이 옳은지는 다 알아요. 하지만 막상 그렇게 안 하잖아요. 교회도 마찬가지죠. 나이든 사람들도 성서공부 시간에 질문이 허용되면 도발적인 얘기들을 해요. 보통 그렇게 안하지만요. 머릿속으로 생각만 하지 표현할 수 없게 만드는 장치가 교회에 있다고 생각해요. 한국 종교 안에서 그런 문화를 만들어낸 출발점에 제국종교가 있었을 거고, 그것이 전개되면서 재생산되고, 거기에 저항하는 사람들도 그 틀 안에 갇히는 일이 반복된 것 같아요.
한국 개신교는 20세기 종교잖아요. 20세기 한국은 격동의 사회였고, 그 격동 한가운데 개신교가 자리 잡으면서 한국 사회 성공신화의 중심에 개신교가 있었죠. 개신교의 대부흥기가 1960~1990년대였고, 그 시대의 상징적 인물이 조용기였어요. 한국 개신교의 성공에 관한 여의도 순복음교회의 부설연구소인 교회성장연구소의 가설이 흥미로워요. 거기 보면 '1인의 카리스마적 리더가 그 교회의 가용 자원을 독점해서 성장 프로그램에 집중 투여한 결과 교회 성장이 가능했다'라는 거예요. 성공하지 못한 교회들은 그런 만큼의 카리스마 있는 목사가 없었다는 뜻이기도 하고요. 이건 박정희 체제를 찬양해온 주장들과 거의 일치해요. 탁월한 지도자가 독재를 통해 전 국민이 총화단결해 발전에 매진하게 했기 때문에 최빈국이던 한국이 초고속 성장을 이룩했다는 거죠,

이걸 카리스마 운운하는 막스 베버Max Weber적 개념으로 포장한 해석한 것이 조용기 성공신화에 대한 교회성장연구소의 해석이죠. 단, 베버는 그런 카리스마적 리더는 오래 가지 못하고 합리적 리더로 교체된다고 했지만, 교회성장연구소류의 해석은 카리스마적 리더가 장기간 교회를 이끌어야 지금처럼 성장이 지체된 시대에도 성장이 가능하다고 전제해요. 실제로 그분들은 은퇴할 때까지 십여 년 혹은 그 이상을 교회를 좌우했고 심지어 은퇴한 이후에도 원로목사라는 직함으로 사실상 최고 권력을 행사하는 경우가 많지요.

이 그래봤자 100년도 안돼. ㅎㅎㅎ

김 멀리서 보면 별것 아니겠지만, 그 100년도 안되는 시간 속에 사는 사람들에게는 그게 우주고, 세계고, 역사잖아요. 그 속에서

교인을 늘리고 교회를 키우는 게 신학의 최고 덕목이 되니까,
진짜 좁은 길이 무엇이냐는 문제 제기는 헤프고 쓸데없는 일이
되는 거예요. 많은 신자들도 그렇게 생각하고요. 그런데 그런 성
공에는 부작용이 있었어요. 문명에 대한 책임, 공존을 위한 나
눔 의식 같은 것을 다 잃어버렸죠. 오직 성공만 하면, 교회가 커
지기만 하면 세상 사람들이 구원받으니까 좋은 거 아니냐고 생
각한 거죠.

이 왜 그런 일이 일어났을까요?

김 한국 개신교의 성장 과정에서 생긴 문화적 유전자가 성공에 집
착하게 만들었고, 그러다 보니 다른 것들은 다 사소해 보인 거
겠죠.

이 선생님 이야기를 들으니 문득 떠오르는데요. 성서 속 아버지는
탕자가 돈 달라 그랬을 때 어째서 그 돈을 줬을까요? 결과는 뻔
한데, 저 녀석이 어찌 될지 다 아는데 왜 돈을 줬을까. 지금 말
씀하신 한국 교회의 성장 과정 같은 것들도 하느님 허락 없이
는 불가능하잖아요. 안 그래요? 그분이 허락하지 않으신 일이
어떻게 지상에서 일어날 수 있겠어요. 그러면 왜 허락하셨을까?
답은 뻔하죠. '이건 아니야, 이 사람들아. 근데 이게 아니라는 것
을 알리면 해봐야 돼. 머리만 가지고는 몰라. 네가 경험하지 않

으면 이게 아니라는 걸 몰라.' 그런 의미에서 아무개 같은 사람들을 쓰셔서 '봐라, 이건 아니다. 이건 결국 허망함이다. 너 이러느라고 하느님 까맣게 잊어버렸잖니. 네 머릿속에 하느님 있었냐? 예수의 가르침 있었냐? 그랬다면 어떻게 그렇게 살 수 있었겠니?' 이러신 거죠.

김 아무개 같은 사람에게 깨우침을 주실 때는 그런 말씀이 중요하겠지만, 그런 신앙이 전부라고 생각하다가 삶과 가족이 파괴되고, 그 과정에서 죽어간 동물과 생태계 파괴가 너무 많잖아요. 그렇게 희생된 존재들의 입장에서는 하느님이 모두를 깨우쳐주려고 그렇게 하신 거라는 말씀이 너무 잔혹하잖아요.

이 그래요…. 그게…, 미안하지만 십자가 없이는 부활이 없거든요. 이치가 그래요.
내 생일은 내가 우리 엄마한테 최고의 고통을 준 날이죠. 그런데 그 고통은 내가 세상에 태어났다는 기쁨으로 연결되잖아요. 이 순서가 뒤집힐 수는 없어요. 아픔이 먼저고 그 다음이 기쁨, 이게 하느님의 순서라고 봐요. 물론 죽어가는 사람들, 아픈 사람들이 있죠. 하지만 그걸 통과하지 않으면 갈 수 없어요. 이걸 한 개인으로 놓고 본다면 문제가 복잡해져요. 그러나 인류 전체로 놓고 본다면 그런 아픔을 겪어야 해요.

김 하느님의 결이 너무 다양하니까 한편으론 그럴 수도 있겠다 싶지만, 다른 관점에선 그렇게 아름답게만 해석하는 데 거리낌이 있어요. 예를 들어 욥기를 보면 그런 물음이 생겨요. 욥은 아주 잘나가는 사람이었잖아요. 하느님이 왕처럼 천사들과 어전회의를 하면서 욥을 자랑하니까 사탄이 '하느님이 모든 걸 다 주셨으니까 그렇죠' 하고 얘기하잖아요. 결국 하느님과 사탄이 내기를 하는데, 사탄의 장난으로 욥은 살았지만 욥의 자식들, 종들, 가축들 다 죽잖아요. 나중에 내기에서 이긴 하느님이 욥한테 복을 더 많이 줬다지만 그 내기에서 희생된 사람들과 동물들의 입장에서 보면 황당하죠. 하느님이 서양의 제국주의 기독교인들에게 '너희가 제3세계에 식민지 만들고 나쁜 짓 다 했지만, 그래도 너희 사회를 이렇게 성숙하게 만들어주었다'고 하면 제3세계 입장에서는 욱하지 않겠어요? 저는 목사님 말씀이 이해가 되면서도 한편 그런 관점에 서있으면 우리에게 신앙의 위기가 올 거라는 생각이 들어요.

이 그래요, 그게 제 관점에서는…, 이 세상에 선과 악이 존재한다는 것을 누가 부정할 수 있겠어요. 그러나 선이 없으면 악이 없고, 악이 없으면 선이 없다는 것도 사실이에요. 그런데 이쪽은 사람들이 잘 안 보고, 마치 선과 악이 따로 있는 것처럼 착각해요. 지금 말씀하신 것처럼 욥이 있고, 욥 때문에 죽은 자식들이 따로 있다고 보는 거예요. 저는 그걸 똑같다고 보는 거고요. 입하고 항문은 전혀 다른 방향이지만 같은 거라고요. 그런 관점에서 보면 남는 건, 인간이 지금까지 모르던 것을 알게 된 거예요. 그 과정에서 이런 일들이 벌어지는 거고요. 그런 고통 없이는 알 수 없어요. 욥이라는 개인, 단독자로 보는 관점이 아니라 인류라고 보고 싶은 거예요.

사람은 원치 않는 일을 많이 겪잖아요. 코로나나 기후변화도, 그걸 누가 좋아하겠어요. 사람이 원치 않는 일에 대해 성서에는 두 종류밖에 없어요. 하나는 자기가 불러오는 것, 자청하는 거예요. 탕자가 그랬죠. 그게 고통인 줄 모르니까 선택했겠지만, 일단 자기가 선택한 거예요. 그러나 욥은 자기가 선택한 게 아니에요. 사탄이 준 거죠. 이건 선택의 여지가 없고, 거절할 수도 없어요. 그런 고통이 있어요. 내가 일으킨 전쟁이 아닌데도, 막 쳐들어와서 부수는 그런 고통이 있다고요. 이 두 고통의 공통점은 하느님이 허락하셨다는 거예요.

'그래 해봐라' 하고 허락하신 일이니까, 내가 자초했어도 아버지가 재가했으니까 간 거예요. 아버지가 못 간다고 하시면 못 가는 거잖아요. 욥의 경우도 '한번 해봐라' 하신 거죠. 아버지가 오케이 했을 때는 이유가 있다, 괜히 그랬을 리가 없다, 아버지는 좋은 것밖에 주실 줄 모르는데 그렇다면 이유가 있다는 사실을 아는 거예요. 그건 결과를 보면 알 수 있어요. 탕자는 돌아온 뒤 완전히 달라져 새 사람이 됐죠. 기후변화 같은 것들도 겪으면서 인류가 달라지는 거죠. 자연을 보고 환경을 보는 관점이 달라지는 거예요. 물이 얼마나 소중한지, 맑은 공기가 얼마나 좋은 건지 이제야 아는 거죠. 죽도록 앓아본 사람이라야 건강한 게 얼마나 좋은지 알잖아요. 욥도 '제가 소문으로만 듣던 당신을 뵙습니다' 하고 고백하잖아요. 점프도 이런 점프가 없어요. 3인칭이던 하느님이 2인칭으로 바뀐 거죠. 인류가, 인류 의식이 너와 내가 따로 있다고 여기다가 '너와 내가 하나구나' 이렇게 바뀐다는 건 엄청난 사건이죠.

김 기후위기나 질병의 위기 속에 인간 중심주의가 있고, 저는 기독교인들의 그런 문제에는 성공중심주의가 바탕이 된 잘못된 성서 읽기가 있다고 보는데, 그 속에서 하느님도 해석되고 주인공도 해석되었겠죠. 그런데 그 해석에서 말 한 마디 못하고 희생되는 이들이 있어요. 성서뿐만 아니라 실제 세상에서도 그렇죠. 그렇게 희생된 이들의 고통과 죽음을 누가 책임지나요. 성서도 책임이 있다면 응당 사과해야 해요. 그럼 누가 사과해야 하나요. 성서 속의 하느님, 성서 속의 사탄, 그리고 그런 죽음을 헤아리지 못하고 자기만 생각했던 욥, 모두 사과해야죠. 그렇게 재해석하는 일이 필요하다는 거예요. 잘못이 있다면 책임을 져야 한다고 봐요. 아마도 목사님은 부조리에 분노하는 저와는 다른 차원에서 성서를 읽고, 그 속에서 우리가 어떤 깨달음을 얻어야 하는지를 말씀하시는 것 같아요. 그런 해석에 공감되는 측면도 있고 감동도 받지만, 동시에 조금 다르게 볼 필요가 있다고,

그렇지 않으면 위험할 수도 있겠다는 생각이 듭니다.

이런 생각에서 우리가 습관적으로 잊고 사는 작은 생각과 실천 하나하나를 돌아보아야 한다고 말하고 싶어요. 어느 마을생태 활동가가 저에게 교회는 왜 매주 주보를 만들어야 하냐고 물었 어요. 그 속에 생명이 들어있는데, 일요일 한 시간 보고 버릴 것 을 왜 고수하느냐고요. 순조로운 예배 진행이나 교회 소식, 지난 주 설교 요약 등의 내용이 지금껏 교회의 성공에 일익을 맡아왔 겠죠. 하지만 요즘은 그렇게 종이를 사용하는 게 생명을 죽이는 것이라는 인식이 생겼어요. 그래서 종이 사용을 줄이자는 캠페 인도 벌어지는데, 교회 주보에는 그런 고민이 하나도 담겨 있지 않다는 거죠. 마치 욥의 자녀들이나 종들, 가축들, 욥의 믿음을 확인하기 위해서라면 죽어도 별 문제가 없는 존재들처럼 종이 도, 종이 속에 담긴 식물의 죽음도 우리의 구원을 위한 시스템 에서 전혀 고려의 대상이 안되는 거죠.

이 왜 그렇게 잘못하느냐는 거죠? 왜 그렇게 실수하고 잘못하느냐?

김 아무 생각 없이, 습관적으로 하는 거잖아요.

이 습관적이라는 말씀 잘하셨어요. 사람이 이 습관에서 해방되지 않으면 희망이 없다고 봐요. 근데 그 습관이 사람을 옭아매는 사슬이라는 것을 알려면 겪어봐야 돼요. 겪어보지 않은 건 그냥 말일 뿐이에요. 절실하지 않아요. 기후변화를 비롯해 이 모든 일들의 바탕은 인간이 중심이라는 생각인데, 그게 착각이라는 걸 알려면 그리 해봐야 된다는 거죠. 저질러보지 않으면 나쁜 짓인지 몰라요. 제가 볼 땐 그래요.

그래서 지난번에 말한 노리치의 줄리안처럼 '타락도 회복도 하느님 은총이다'라고 얘기하는 거죠. 그런 관점에서 보면 지금 돌아가는 거, 조금도 절망하거나 실망할 일이 아니라고 봐요.

김 저는 그 주보 이야기를 들으면서 따끔했거든요. 예전에 목사였을 때 저는 주보뿐만 아니라 설교 원고 전체를 프린트해서 나눠 줬어요. 그래야 되는 줄 알았거든요. 글 쓰는 일도 그렇겠다 싶어요, 사람들이 읽고 보관할 만한 가치가 없는 말을 글로 만들면 안되겠다는 생각이 들었어요. ㅎㅎ

이 그렇긴 해요. ㅎㅎ 근데 사람에게는 심심해할 줄 아는 능력이 있고, 심심하니까 안 해도 될 짓을 하는 게 사람 같아요. 하느님이 사람을 좀 독특하게 만든 것 같아요. 하느님 명령을 거역하는 건 인간 밖에 없잖아요. 거역하게 만들었어요. 그래야 재미가 있죠. 백퍼센트 순종만 하면 무슨 재미예요. 이 지구에 어두운 밤이 없다면 생명이 어떻게 살겠어요.

김 사실 교회에서는 종이뿐만 아니라 굉장히 많은 쓰레기가 나오잖아요. 그게 문제라고는 이미 생각을 하고 있었어요. 다만 별 대책을 생각하지 않았던 거죠. 지금 돌아보면 교인들과 이 문제를 의논해본다거나, 관련된 성서를 공부해본다거나, 할 수 있는 게 많았는데 아무것도 하지 않았어요.

이 공자님이 그랬어요. 처음부터 아는 사람, 배워서 아는 사람, 고생 끝에 아는 사람이 있다고. 자기는 배워서 아는 사람이래요. '고생하고도 알면 다행이다. 그러면 배워서 아는 사람이나 처음부터 아는 사람이나 똑같다. 근데 고생만 하고 모르는 사람이 있다. 이건 성인도 어떻게 할 수 없다.' 이렇게 말씀하시는데요. ㅎㅎㅎ 그래서 우리가 나누는 이 이야기를 읽으면서 단 한 사람이라도 '이렇게 생각할 수도 있네? 목사라는 사람들이 이런 이야기도 하네?' 하고 영감을 받으면 좋겠다고 생각해요.

일제시대 김교신 선생님은 《성서조선》 뒤편에다가 자기 일기를 실었잖아요. 그중 이런 내용이 있었어요. 당시 일본 정부가 언론을 압박하려고 종이를 배급제로 바꿨어요. 아무리 돈을 줘도 정부 허락 없이는 종이를 못 사게 했죠. 그때 김교신 선생 꿈에 어떤 도사가 나타났대요. 뭐하는 사람이냐 묻길래 성서조선 하고 있다니까, 할 만하냐 묻는데 이러저러해서 재미가 없다고 했대요. 그러면 총독부에서 몇 페이지 가져가고 나머지 몇 페이지만 허락해주면서 종이를 배급해주면 해보겠느냐 물었대요. 선생은 안한다고 했대요. 그러자 도사가 한 대 때리면서 '그런 정신

가지고 뭘 하겠느냐, 절반을 총독부가 쓰고 절반만 준다고 해도 그 페이지를 무엇으로 채울 것인가 고민해야지!' 하고 호통을 쳤대요. 그건 '나는 이런 정신으로 이 잡지를 만들겠다'는 뜻이 죠. 그 정신이 중요하다고 생각해요.

우르르 몰려가는 것들은 힘이 있어요. 그 힘이 어쩌다가 무언가 를 뒤집는 데 쓰이기도 하지만 대부분은 무언가를 망쳐내요. 예 수한테 '호산나! 호산나!' 하던 사람들이 사흘 만에 '죽여라! 죽 여라!' 하잖아요. 그게 현실이에요. 거기서 버텨내는 사람은 사 실 얼마 안돼요. 저는 여기에 초점을 맞추고 싶은 거예요. 예수 는 때린 사람을 거들떠보지도 않아요. 맞은 사람한테 왼뺨을 돌 려대라고 하죠. 저쪽은 희망 없으니 내버려두라는 거예요. 사실 이 둘은 같은 거지만, 맞은 녀석이 중요해요. 이쪽에는 열쇠가 있거든요. 이 폭력을 해결할 수 있는 방법이 맞은 사람한테 있 어요. 때린 사람한테는 없죠. 맞은 사람이 가진 가능성을 보는 거예요. 지금까지 해온 방식 말고 다른 방식으로 반응해보라는 거죠. 습관대로, 버릇대로 하지 말고 생각 좀 해보라는 거예요. 그렇게 생각하면 옳은 교회도 어딘가에는 있지 않겠어요?

얼마 전에 청년 하나가 더 이상 교회를 못나가겠대요. 제정신 박힌 사람이면 다 그렇겠죠. 왜 그러냐 물었더니 아무리 봐도 교회에 하느님이 없대요. 그래서 제가 "하느님은 무소부재無所 不在라 없는 곳이 없다는데, 설마 교회라고 안 계시겠냐?"그랬 습니다. ㅎㅎ 교회가 전부 그렇다 해도 단 몇 사람은 있다고 봐요. 지금 우리가 나누는 한두 마디를 듣고 자신에 대해 반성하고 질문하는 사람이 있다면, 그거 보고 하자는 거죠. 그게 총독부가 20페이지 가져가도 내가 4페이지 가지고 하겠다는 김교신 선생의 정신 아니겠나 싶어요.

김 그 정신은 충분히 공감하고 존경해요. 사실 김교신 선생의 시대에는 종이라는 매체의 힘이 있었죠. 당시의 잡지는 최첨단의 영향력이 있었으니까요. 지금은 시대가 달라졌지만, 그 정신만큼은 우리가 이어받아야겠죠. 그래서 우리 시대에 걸맞은 생태적 실천이 필요한데요. 한국 개신교는 다른 종교에 비해 집회가 굉장히 많고, 교회 발전의 역사에서 집회가 너무 중요했어요. 집회는 무언가를 살리기도 하지만 무언가를 파괴하기도 하는데, 그 균형을 어느 순간 놓쳐버린 것 같아요. 주보뿐만 아니라 집회에서 나오는 온갖 쓰레기들을 보면 우리가 지켜야 할 정신은 사라지고 무언가를 끊임없이 파괴하는 욕망만 살아있는 것 같아요.

이 그쪽으로 보면 그런데, 저는 이제 그쪽을 보지 말자는 거예요. 그런 것을 바꾸려는 사람들이 하나둘 나올 거라고 봐요. 그들한테 초점을 맞추고 싶어요. 예수가 왼뺨 맞으면 오른뺨 돌려대라고 한 말은 때린 사람을 보지 말라는 얘기 아닌가. 누가 날 때렸다면 지금까지는 때린 사람을 쳐다보는 게 습관이었어요.

그런데 다른 뺨을 돌려대면 시선이 다른 데로 가죠. '나는 너 안 볼 거야. 다른 데 볼 거야.' 그러면 눈앞에 때린 사람이 있어요? 없죠. 아직 이런 사람들은 다수가 아닌 소수예요. 저는 이런 사람들에게 희망을 갖고, 종이가 좀 아깝다 해도 책을 내는 데 그리 큰 부담을 갖지 않아요. ㅎㅎㅎ

김 하하하, 알겠습니다. 그런 책이 되도록 최선을 다해야겠네요. 제가 교회 이야기를 계속 하는 것은 이 책을 읽는 분들 중에 습관적으로 반생태적 행동을 하는 단 한 사람이라도 생각의 실마리를 얻었으면 좋겠다 싶어서, 사소한 습관이 생명을 파괴할 수도 있다는 고민이 신앙에 담겨야 한다는 생각 때문이에요. 안 그러면 기후위기나 질병의 위기에서 자유로울 수도 없고, 교회가 이런 고민을 세상보다 좀 앞서 해야 하는데 너무 뒤처져 있으니 안타까워 그런 거예요.

이 종교에 두 얼굴이 있잖아요. 어느 종교나 창조적으로 앞서가는 면이 있고, 끝까지 수구적으로 낡은 것을 유지하려는 면도 있어요. 그런 면에서 저는 낡은 쪽을 보고 싶지 않은 거예요. 예리하지만, 지금은 작지만, 희망을 보자는 거죠. 반성은 그만 하자, 하려면 두 번 세 번 하지 말고 한번만 하자, 그리고 이제 어떻게 할 것인가를 좀 고민해보자는 거예요.

제가 리처드 로어Richard Rohr 신부의 책을 읽고 있는데, 예수가 지금 이 시대에 와서 성서에 있는 것과 똑같은 이야기를 한다면 그리스도인들에 의해 처형당할 거래요. 가톨릭 신부도 이런 말을 하는 게 희망 아닙니까?

김 이런 현상에서 희망과 가능성을 읽어내는 목사님의 안목이 놀랍지만, 저는 자꾸 문제가 보여요. 그런 문제들에 제가 공모자라는 게 슬프고 안타까워요.

이 문제의 주인공이 '저 사람'이 아니라 '나'라는 사실을 보는 것은 반드시 필요하고 소중한 일이죠. 그러지 않으면 돌아설 수 없어요. 저도 지금까지 이렇게 비틀거리면서 왔지만, 저를 여기까지 오게 해준 것은 아주 멋있는 스승도 아니고 책에서 본 말도 아니었어요. 간단히 말하자면 내가 저지른 실수, 내가 저지른 잘못이 나를 여기까지 오게 한 거예요. … 그래요.

김 아까 하신 말씀 중에 '연결되어 있다'는 게 중요하게 와닿는데요. 서양 철학의 발전 과정에서 종교개혁 이후 군주들이 부패한 종교를 비판하는 줄 알았더니 그게 아니라 서로 전쟁을 일으켰잖아요. 30년 전쟁 같은 경우는 한 지역이 아니라 유럽 전역에서 일어나 어떤 사람은 태어나서 평생을 전쟁 속에 살다 죽었고요. 그 치열함을 겪은 사람들은 고만고만한 권력자들이 난립하면 이렇게 무섭구나 하는 걸 깨닫고 절대 군주의 절대 권력에 지지를 표하면서 절대주의 국가가 한동안 사회를 지탱했죠. 자신이 곧 국가고 다른 사람은 다 도구라는 왕도 있었고, 프랑스혁명이 일어나면서 '나', '주체(subjectivity)'라는 문제의식도 등장했고요. 다른 것과 구분되는 '나'의 존엄함, '하느님이 나에게 위임했으니 누구에게도 침범 받지 않는다'는 생각은 서양철학의 주요한 발견이지만, 오늘날 그 생각은 폐해잖아요. 연결되어 있다는 문제의식을 갖지 못하게 하니까요.

이 당시에는 많은 사람들이 동의했지만 지금은 군주의 절대적인 힘에 동의하는 사람 없잖아요. 시행착오를 저지르고 잘못한 사람들은 그게 잘못인 줄 몰라요. 세월이 흘러서야 잘못을 알게 되죠. 이것과 저것은 연결되어 있어요. 인류라는 이름으로 보면, 시대와 공간으로 보면 동떨어진 것 없이 연결돼있죠. 저질렀고 경험했기 때문에 아는 거예요. 지금 우리가 겪고 있는 것도 그 연장선 아닌가 싶어요.

김 좋게 해석하면 그런데요, 서양 주체성의 역사가 지금 와서 보면 굉장히 많은 문제의 근원이에요. 내가 옆 사람, 숨 쉬는 공기, 사물, 동물과 다 연결돼있고, 심지어 내 피부도 미세하게 보면 경계가 애매하고, 그래서 개별 존재라는 것 자체가 명료하지 않은데, 그 반대를 주장해온 역사의 착각과 폐해가 너무 많아요. 연결돼 있다는 자각은 너무나 중요한데, 어떤 도그마나 아무 생각 없는 습관 속에 모두가 연결되어 있다는 의식이 없었어요. 그리스도교 신앙은 그런 역사로 이루어진 것 같아요. 이제는 내가 내 옆에 있는 존재와 나뉠 수 없는 공동운명체라는 생각을 회복해야 할 것 같아요.

이 네, 맞습니다. 제가 70년대 말 죽변이란 곳에서 목회를 했어요. 그때 성서공부 하다가 교인들한테 질문을 했어요. "여리고 가던 사람이 강도 만나 죽어가는데, 제사장하고 레위 사람은 그냥 보고 지나갔는데 왜 사마리아 사람은 그냥 안 지나가고 돌봐줬을까요? 성서엔 답이 없으니 한번 생각해보세요." 그때 중학생 아이 하나가 강원도 사투리로 이렇게 말하더라고요. "그 사마리아 사람이요, 이르~케 보니까 거기 죽어가는 사람이요, 잘 아는 사람이었든가부지요 뭐." 저는 그게 성령께서 대답하신 거라고 생각했어요. 먼저 지나간 두 사람은 남이었어요. 그러니까, 아무 관계없으니까 지나갈 수 있어요. 전쟁터에서 사람을 어떻게 죽이나? 남이니까 죽이는 거죠. 그런데 내가 잘 아는 사람이 여기 넘어져서 피 흘리고 있는데 그냥 지나간다면, 그건 사람이 아니죠.

바로 이게 착각이에요. 세상과 내가 떨어져있다는 기본 착각. 인류가 이제 여기서 깨어나는 때가 오지 않았는가. 그래서 글로벌한 문제가 생기는 것 아닌가. 국경, 이데올로기, 빈부도 의미 없다는 거죠. 코로나가 통일시켜버린 거예요. 기후변화도 마찬가지고, 누구 한 사람이 자기 책임이라고 말할 수도 없어요. 책임도 독점할 수 없고, 원인도 독점할 사람이 없어요. 해결도 독점이 안돼요. 전부 같이 하지 않으면 안되는 시대가 왔어요. 그러니 '어, 너하고 내가 연결돼있네? 자연이랑 내가 연결돼있네? 강물이 썩으니 내가 못 사네?'라는 사실을 인간들이 깨닫는 거죠. '아, 내가 한 일이네? 저 사람이 저지른 게 아니라 내가 저지른 일이네' 하고 생각할 때 이걸 해결하는 방법이, 새로운 시대가 열리지 않겠나 싶어요.

김 지금 이 기후위기 한편에서는 이 상황을 어떻게 활용해야 선진국이 되고 부를 축적할 수 있는지 궁리하는 창의성이 대세죠. 또 하나는 이런 위기 속에서 우리가, 기후와 내가 따로 떨어진 게 아니라 연결되어있다는 것을 깨닫는 길이 있고요. 이 두 번째 길이 좁은 길이겠죠. 다만 우리가, 우리의 시민사회가, 우리의 종교가 사람들에게 이렇게 자명한 문제의식을 제기하지 않는다는 게 문제예요.

이 지금 선생님하고 제가 하고 있잖아요. 리처드 로어 신부도 벌써 몇십 년 전부터 얘기하고 있어요. 이걸 심각하게 반성하는 기독교인들이 있어요. 지금 선생님도 하고 계시잖아요. 안하는 사람들은 쳐다보지 말자는 거예요. 그들은 달라지기 어려워요. 스스로 달라지기 전까진 누구도 못 바꿔요.

김 나와 세계 사이에 놓인 벽을 허무는 자, 서로 벽 없이 연결돼있다는 걸 확인하는 자로 스스로를 이해하는 시민과 종교가 필요해요. 물론 누군가는 하고 있겠지만 더 많이, 더 넓게 그런 생각을 하고 실천하는 사람들이 필요한 거죠. 또한 그것을 방해하는 세력 또는 시스템이 있어요. 우리가 눈치 채지 못하게 방해하는 그런 시스템이요. 그러니 더 날카롭게, 더 비판적으로 말해야 한다는 거죠.

이 제가 기후변화 자체를 어떻게 할 수는 없어요. 다만 하느님이 이 다음에 나더러 기후변화에 대해 무엇을 했느냐 물으시면 '될 수 있으면 쓰레기 안 만들려고 애를 써봤습니다. 물건 하나 허투루 쓰지 않고 아껴 썼습니다. 될 수 있으면 조금 먹었습니다.' 그렇게 얘기할 수밖에요. '안 써도 되는 거면 안 쓴다, 뭔가를 하기 위해서 돈 모으는 일은 지금까지도 안 했지만 앞으로도 하지 않겠다, 있는 것만 가지고 조금 먹고 살겠다,' 이것이 어마어마한 기후 변화에 대한 저의 답이에요. 저로서는 이럴 수밖에요.

김 귀에 쏙 감기는 멋진 말씀이네요. 하지만 여전히 저는 목사님처럼 자기 자신에게 돌아갈 수가 없네요. '허투루 쓰지 않으려고 노력했습니다'라는 말씀은 스스로에게 '나는 이렇게 살겠다'는 다짐이시겠지만, 목사님의 말씀을 흠모하는 이들에게 그것은 그분들의 성찰과 다짐이 되지요. 그것은 목사님께서 기독교인이건 아니건 이 시대의 선생님이시기 때문이에요. 그런데 비판하는 글쟁이에 다름 아닌 저는 항상 시대의 위기를 말하고, 그 위기의 공범이 되어온 우리 자신을 고발하죠. 그리고 거기서 벗어날 수 있는 사회적 실천을 강조해왔어요. 여기서도 마찬가지로 저는 우리 시대의 기후위기에 대해 우리가 무엇을 잘못했는지, 그리고 이제 무엇을 해야 하는지 분석하려고 했던 거예요.

앞서 얘기해온 것처럼 개신교는 한국 사회에서 굉장히 조직적이고 영향력이 막강한 세력이기에, 이런 지구적 위기에 이제부터라도 힘을 기울이길 부탁하고 싶어요. 주보를 대체할 다른 매체를 활용한다든가, 쓰레기 줄이기를 선교활동의 하나로 실행한다든 가, 나아가 지역사회의 여러 단체와 함께 실천한다면, 기독교도 우리 사회에 필요한 종교가 되지 않을까 싶습니다. 실제로 그 효과를 많은 이들이 누릴 거고요.

이 언젠가 스님들, 신부님들하고 토의를 했어요. 제가 목사라고 갔는데, 어떤 불교 신자가 분개해서 저한테 "우리는 교회 가서 만卍자 안 그리는데, 당신들은 왜 절에 와서 십자가 그리느냐, 기독교인은 대체 왜 그러냐?" 하고 묻는 거예요. 그래서 "저는 그런 적 없는데요?" 하고 대답했어요. ㅎㅎ 저는 그러지 않았어요. 그러지 않는 목사 많아요. 오히려 그게 교회죠. 기독교는 왜 그러느냐고 하는데, 사실 기독교라는 건 없어요. 머릿속에나 있 는 관념이지 실제론 없는 거죠. 성당 가면 개신교는 왜 그러느 냐는 질문도 많이 받아요. 저는 개신교 목사인데 안 그러잖아 요. 그러니 저는 조금이라도 싹수가 있는 쪽으로, 눈길을 제발 그쪽으로 보겠다는 마음으로 살죠.

김 물론 기독교는 다양하고 가능성이 많은 것도 사실이지만, 사람 들은 교회를 하나의 얼굴로 보고 있어요. 그 얼굴이 너무 흉측 하다는 것도 간과하면 안된다는 거죠. 그 흉측함을 개신교 신 학자인 제가 말하지 않으면 누가 말할 수 있나요? 이 종교 바깥에서 말하는 것도 중요하지만, 우리 자신이 그런 종교의 일원인 것을 사람들에게 사과하고, 더는 그러지 않도록 소리 높여 외치는 일은 우리의 과제가 아닐까요.

그리고 오늘 주제에서는 좀 벗어난 것 같지만 꼭 덧붙이고 싶은 말이 있어요. 요즘 음모론이 너무 확산되고 있어요. 그 음모론의 중심에 기독교가 있고요. 특히 '세대주의자(dispensationalist)'라는 극단적 종말론자들이 그런 음모론을 양산해요. 미국의 트럼프 현상에도 그들의 생각이 담겨있고, 세계 여러 나라에서 드러나는 극우주의 현상에도 극단적 음모론이 한몫하고 있어요, 우리나라의 무수한 음모론적 담론도 그렇고요. 모든 음모론이 문제라는 건 아니에요. 하지만 음모론의 상당수가 특정한 '적敵'을 만들어내고, 당장 그 적을 응징해야 한다고 주장해요. 음모론이 극단적 종말론의 형식을 띠고 있다는 점에서 '적'에 관한 증오는 굉장히 격한 감정을 분출하게 만든다는 문제가 있어요.

이 저는 요한묵시록에서 요한이 전하려던 핵심은 '마지막에는 어린 양이 다 이기더라'라는 얘기 같아요. 그러나 사람들의 시선은 거기 나오는 괴물, 숫자, 이런 데로 가 있고, 어린 양은 안 보이죠. 지금이라도 생각 있는 사람들이 사회악, 부정, 잘못된 것들, 기후위기, 이런 문제로만 초점을 맞추지 말고, 거기서 나오는 새싹이 있다면 그걸 좀 보자는 거예요. 아무리 봐도 요한이 얘기하고 싶은 것은 '어린 양'이에요. 어린 양이 알파와 오메가예요. 그러나 세상을 어지럽히는 자들은 전부 거기 나오는 숫자, 괴물 같은 것들을 가지고 노는데, 이게 소위 말하는 사탄의 책략에 제대로 넘어간 거죠.

김 요한묵시록 얘기를 하셨으니 조금 덧붙이자면, 천사가 나팔을 불면 재앙이 시작돼요. 일곱 개의 나팔, 대접, 구슬 등등 끝도 없이 나타나는 해소되지 않는 고통 속에서의 희망이 '어린 양'이라는 상징이에요. 그러나 세대주의자들은 그 안에서 자신들이 싸울 괴물, 증오할 대상을 봐요. 세계를 증오와 공격의 스토리로 만들어가는 거죠.

이 아까 얘기한 '어미 착각'이라는 게 내가 혼자 존재한다는 거잖아요. 내가 있으려면 적이 있어야 한다는 건데, 그것이 세상을 지배하는 하나의 관점이긴 해도 그렇게 보지 않는 사람들이 있어요. 저는 그런 현상이 속이 텅 빈 풍선 같다고 생각해요. 아무것도 아니에요. 누가 바늘 하나만 찌르면 터져버리는 허깨비니까요. 아주 몇 사람의 생각과 말이 있어요. 말로 끝나지 않는 삶을 살아가는 사람들이 있고요. 선생님도 그렇고 저도 그렇다고 보는데, 우리 지금 심각하게 스스로에 대해 반성하고 있잖아요. 내가 잘못해왔다고.

김 긴 안목에서 보면 그렇지만, 현실에서 벌어지는 수많은 역사적

범죄들이 극단적 종말론자들과 무관하지 않다는 점을 알아차리고, 그런 일을 줄이려는 노력이 필요하다는 거예요.

이 그게 바늘 같은 거예요. 그런 이야기와 행동이 바늘이에요. 바늘은 풍선에 비하면 작지만, 그것이 소위 '진실'의 힘이죠. 허위와 진실은 빛과 어둠처럼 상대가 안돼요. 어둠이란 처음부터 근거가 없으니 겁낼 게 아니거든요. 물론 착각이 없으면 정각도 없지만, 거 참. ㅎㅎㅎ

김 사실 이런 문제는 착각하는 사람들을 탓할 것만도 아니에요. 이것들에 대해 좀 더 복잡하게 묻고, 해답을 찾기 위한 노력이 필요해요.

이 뭐, 남 얘기 할 것 없이 우선 우리 둘이라도 회개합시다. 지금까지 살아온 것 좀 돌아보고 세상을 좀 다르게 보면 좋겠어요.

갈등과 혐오를 풀어가는 법

김진호(이하 '김') 집에서 여기까지 한 40분 걸어오는 동안 오늘의 주
제인 갈등과 혐오에 대해 생각해봤어요. 제일 먼저 떠오른 게
얼마 전 애틀랜타 총기사건이었어요. 여덟 명이 죽었는데 그중
한국계 여성 네 명, 중국계 여성 두 명, 히스패닉 여성 한 명, 백
인 남성이 한 명이었죠. 그런데 이 사건의 성격을 어떻게 규정
할 것인가를 두고 갈등이 있어요.

범인은 스물한 살짜리 청년인데, 경찰은 치료받은 경력 때문
에 범인의 섹스 중독이 원인일 거라고, 그 사람 개인의 문제라
고 봐요. 아시아 사람들은 인종혐오로 보고요. 경찰은 이 사람
이 평소 아시아인을 혐오했다는 증거가 없으니 이걸 혐오 범죄
라 볼 수 없다는 거고, 아시아 사람들은 아시아인이 집중적으
로 죽었으니 아시아 혐오라는 거예요. 범인은 또, 개신교 신자
예요. 개신교가 혐오를 부추기는 경향도 보이니까 개신교와도
연관이 있는 것 같고요. 또, 사망자 여덟 명 중 일곱 명은 여성
이니까 여성 혐오 아닌가 생각할 수도 있어요. 제가 볼 때는 여
러 가지가 다 엮인 사건 같거든요.

이현주(이하 '이') 동감이에요. 그 모두가 엮인 게 맞아요. 하지만 집에
불이 났으면 우선 불부터 끄고, 원인은 불 끄고 나서 조사하는
게 원칙이죠.

김 그럼에도 불구하고 이 성격 규정을 둘러싼 갈등 이면에는 불을

_끄_는 방식에 대한 문제제기가 있어요. 아시아계 이민자들을 향한 공격에 당국이 더 엄중하게 반응하라는 거죠. 또 그런 여론을 형성해서 정부가 더 적극적으로 대처하도록 만들려는 의도도 있을 거고요. 그래서 사건의 성격 규정을 먼저 하자는 건데, 막상 사건의 성격을 빨리 규정해버리면 연관 사건을 예방하거나 법안 마련에 압력이 되기도 하지만 한편으론 사건의 복잡한 성격들을 치밀하게 보지 못할 수도 있거든요.

이 선생님은 이 일의 성격이 규정될 것 같아요? 그걸 누가 결정하는 거예요?

김 여론이겠죠. 얼마 전 애틀랜타 근처에 사는 한국인 학자와 줌으로 대화를 했는데, 작년에 경찰이 흑인 한 명을 죽였을 때 아시아인 지식인들이 '흑인의 생명은 소중하다(Black Lives Matter)'라는 피켓을 들고 동조시위에 열심히 참여했는데, 이번에 흑인 지식인들은 거의 함께 해주지 않았다고, 너무 섭섭하고 배신감 느껴진다고 하더군요. 결국 여론전인데, 미국사회에서 아시아인에 대한 혐오와 차별에 대해서는 흑인에 비해 여론의 반응이 차갑다는 거예요. 그래서 아시아 이민자들이 나서서 그 문제에 대한 여론 프레임을 만들려고 노력하는 거죠.

이 솔직해서 좋긴 하네요. ㅎㅎ 원인 규명이라는 건, 글쎄요. 제 생

각에는 뿌리가 너무 얽혀있기 때문에 이것 때문이라고 콕 짚을
수는 없을 것 같아요. 무엇이 원인이라는 것은 말하는 사람의
생각이지 정말로 그런 것은 아니에요. 왜 일어났나, 누가 그랬나
같은 건 밑도 끝도 없는 질문이거든요. 사실 이런 질문 자체가
우리를 많이 힘들고 어지럽게 해요. 그래서 일단 불부터 끄자
는 거예요. 아시아, 여성, 여기에 다 붙는 말이 '혐오'잖아요. 제
가 볼 때는 혐오가 불이에요. 대상이 중요한 게 아니라, 마구 타
오르는 혐오라는 이 불을 어떻게 끌 것이냐, 그것부터 해결해야
한다고 봐요.

해롤드 쿠시너Harold Kushner라는 랍비가 쓴 『왜 착한 사람한
테 나쁜 일이 일어나는가(When bad things happen to good
people)』라는 책이 있는데, 이 사람 아들이 열네 살에 조로증
으로 죽었어요. 그래서 끊임없이 물었다는 거예요. '왜 우리 집
에 이런 일이 일어났을까?' 랍비니까 성서도 봤는데 답이 없더
라는 거죠. 아주 오랫동안 '왜?'라는 질문을 했는데 답이 없더
래요. 하느님이 큰 은혜를 주시려고? 아, 그건 자신이 찾던 답이
아니었어요. 정의로운 하느님, 우리가 알고 있던 하느님은 없구
나 절망도 했죠. 그러다가 문득 이건 답이 없는 질문 아닌가 싶
어서 질문에 대해 질문해봤다는 거예요. 그래서 'why' 대신에
'how', 어떻게 할 것이냐로 바꿨대요. 그러자 침묵하던 하느님
이 나타나서 답해주더라는 거예요.

이런 일도 수습을 잘하면 훨씬 더 진보된 사회로 나아갈 수 있

고, 사람들도 바뀌지 않겠는가. 어제 뉴스를 보니 아시아 혐오 중단하라는 시위가 한창이더라고요. 나는 귀가 잘 안 들리니까 주로 사람들 얼굴 표정이 보이는데, 사람들이 증오하고 있더라고요. 혐오하지 말라고 외치면서 혐오하고 있다는 걸 느꼈어요.

김 아마 다들 공감할 거예요. 서로 자신이 피해자라고 생각해요. 피해자들이 '혐오'라는 주제로 서로 연대하는 것이 아니라 충돌을 일으키죠. 남성 혐오와 여성 혐오를 이야기할 때 '시선 강간'이라는 표현이 있어요. 보는 것도 강간이라는 거죠. 음흉한 눈길이라고 여성들은 불쾌해하는데, 남성들은 그냥 멍하니 있었는데 왜 그러느냐는 거죠. 시선이라는 건 내면의 문제고, 느낌을 판단하는 거니까 명확하지 않잖아요. '혐오'라는 말은 매우 무거운데, 그 사이에 끼어있는 이유들은 모호할 때가 많고, 그로 인해 피해자가 될 때는 충돌이 일어나잖아요. 이것은 혐오가 엇갈리는 경우죠.

또 이번 애틀랜타 총격 사건처럼 다양한 혐오 요소들이 중첩되었는데 하나에 집중하다보니 다른 것이 간과되는 경우도 있어요. 아시아인도 죽었지만 히스패닉도 죽었고, 여성도 많이 죽었죠. 아시아 혐오 범죄일 수도 있지만 여성 혐오 범죄일 수도 있거든요. 이럴 때 사건의 성격을 어떻게 규정하느냐에 따른 갈등은 미국 같은 다인종 사회에서 굉장히 복잡한 문제예요. 우리나라에선 세대, 젠더 같은 문제가 표면화되는 것 같아요. 이런 다

양한 갈등의 중요한 지점에는 어떤 사건을 어떻게 성격화할 것
인가 하는 프레임 전쟁이 있는 것 같아요. 목사님은 어떻게 생
각하시는지 궁금하네요.

이 사실 저는 거기에 관해서는 별로 할 말이 없어요. 성격 규정이
라는 게, 여성 혐오니 아시아인 혐오니, 소위 '이름표'를 붙이자
는 거 아니에요? '이 사건은 이것이다' 하고 이름을 짓자는 건
데, 저는 그걸 못하겠어요.

김 현재 우리나라에서는 저와 비슷한 50·60세대가 여러 면에서
다수자의 위치에 있어요. 인구도 많고 대학생 수도 이전 시대에
비해 갑자기 늘어났죠. 경제가 급성장하던 시대를 살아왔기에
취업도 잘되었고, 현재 우리 사회의 자원 배분 구조에서 가장
많은 부분을 과점하고 있어요. 민주화를 이룩한 주축이기도 하
고, 민주헌법을 만들어낸 세대인 동시에 시민운동의 탄생을 주
도한 세대여서 담론의 장에서도 가장 지배적인 위치를 점하고
있지요.
이전 세대는 초고속 성장의 견인차가 되었던 산업화 세대지만
그 세대의 빈곤율이나 자살률이 OECD 최고 수준인 데서 보듯
이, 그리 강력한 세대는 되지 못했어요. 40·50세대는 이른바 민
주화 시대가 끝날 무렵 일익을 담당했지만 그 직전 세대가 자원
을 독과점한데다 그들이 경제활동에 주요세력으로 부상한 연령

대에 이르면 '경제사회적 파이'가 정체되었기 때문에 인접한 직전 세대가 점유한 자원의 장벽을 뚫지 못하죠. 20·40세대는 저성장 사회의 위기를 고스란히 겪고 있고요.

그래서 어떤 학자는 50·60세대를 '꿀 빨아온 세대'라고 하더군요. 저 역시 그 세대의 일원이지만 성공한 586이 아니라서 그런 평가가 억울한 점도 많아요. 실제 이 세대는 세대 내 격차가 가장 극심하기도 해요. 학력도, 자원 점유 능력도 너무나 극명하게 나뉘죠.

성性의 문제는 최근 세대 갈등보다 훨씬 더 심각해요. 이 모든 세대 문제에 젠더 문제가 중첩되어 있거든요. 게다가 민주화 이후 우리 사회에서 주권의식이 가장 상승한 계층이 여성 아닐까요? 주권의식은 크게 향상되었는데 실제 주권은 그것에 훨씬 못 미치는 상황이 젠더 갈등의 중심에 있는 것 아닐까 해요.

민주화 세대라고 할 수 있는 40·50·60세대는 권위주의 정권을 몰아내고 민주헌법을 만들어냈고, 사회 구석구석까지 민주주의적 체제를 구축한 세대예요. 다른 어떤 가치보다 민주주의가 가장 중요하다고 생각하는 세대죠. 당연히 그들은 자신의 자녀들에게 민주주의를 한껏 누리게 하고 싶었어요. 게다가 자신들이 자라던 때와는 달리 자녀가 하나둘 정도여서 자녀에게 집중할 수도 있었고요. 이들 부모세대는 민주주의를 겪어보지 못했으면서도 자녀들에게 민주주의를 누리게 해주고 싶었으니 당연히 부작용이 일어날 수밖에요. 주권의식은 넘치지만 타인에 대한 배려가 별로 없는 문화는 그 부작용이 아닐까 싶어요. 아무튼 이렇게 성장한 자녀세대가 성년이 되어 우리 역사상 주권의식이 가장 높은 이들이 되지 않았나 싶습니다. 문제는 그들이 자의식을 충족하기에 사회는 성장이 정체되고, 계층이동이 어려워지고, 계층간 격차가 너무 심각해져서 상대적인 상실감은 극대화된 상황이라는 거죠.

최근 우리 사회는 다양한 사회적 갈등 요인들이 넘쳐나는데 그 중 세대 갈등과 젠더 갈등이 모든 갈등을 잠식하는 상황이에요. 2010년부터 2016년까지 온라인에서 사용된 단어를 빅데이터로 조사, 분석한 기사를 봤어요. 갈등을 젠더, 세대, 정치, 직장, 이렇게 네 분류로 나누어 조사했는데, 빅데이터상 직장 내 갈등과 세대 갈등이 각각 5퍼센트 정도로 제일 적었어요. 그 다음이 정치 갈등으로 약 15퍼센트 가량이에요. 그리고 압도적으로 많은 73퍼센트가 젠더 갈등이었어요. 2016년에는 수많은 갈등을 대표적으로 수렴하는 개념이 젠더였던 거죠. 2000년대의 주요 갈등은 세대 갈등이었고, 2000년대 학자들은 세대 갈등 연구를 많이 했거든요. 70~80년대는 정치 갈등, 민주주의냐 성장이냐를 두고 싸웠죠. 그렇게 시대별로 갈등이 표출되는 대표적 개념들이 달랐어요. 반면 지금은 젠더 갈등이 중심이 되었고요. 아무튼 2000년대 이후 사회적 갈등을 주도한 의제는 세대 갈등과 젠더 갈등이라고 할 수 있을 것 같아요.

이 그러면 정치 갈등은 예전에 비하면 조금 밖에 없는 거예요?

김 빅데이터에 따르면 그런 거죠.

이 80년대 사람들처럼 이제 정치 갈등 같은 것에는 사람들 관심이 덜하다는 거죠?

김 그런데 이건 SNS에서 사용된 단어를 빅데이터로 조사한 거라 주로 20·30세대가 주 대상이에요. 다른 세대들은 SNS를 20·30세대만큼 활발하게 쓰지는 않잖아요. 그러니 20·30세대가 주로 활동하는 공간에서 젠더 갈등이 굉장히 부각된 것 같아요. 물론 신문이나 팟캐스트 같은 것을 들여다보면 여전히 정치 갈등이 제일 크고 중요하지만, 세대마다 갈등을 표현하는 방식이 다른 것 같아요.

이 갈등이 살인, 전쟁으로도 번지잖아요. 그런데 저 사람이 하는 짓이 내 맘에 쏙 들면 갈등은 안 일어나는 거 아닌가요?

김 그게, 이를테면 남성이 싫은 여성은 남성이 하는 건 다 싫고, 반대로 여성이 싫은 남성들은 여성이 하는 건 뭐든 다 싫다는 거예요. 판단 자체에 기준이 없으니 그게 혐오라는 거죠.

이 오래 전에 부시가 이라크 전쟁을 하면서 "우리와 동조하지 않
으면 적으로 간주하겠다."는 유명한 말을 했어요. 그 말을 듣고
저는 '그렇게 편가를 거면 나도 가르자. 부시와 빈 라덴은 저쪽
이고 나는 이쪽이다.' 하고 생각했어요. 저는 그 둘을 같다고 봤
거든요. '너희들은 상대를 죽여야 내가 살겠다는 거 아니냐? 나
는 그런 생각과 함께 할 수 없다. 그러니 나는 너희들과 반대다.'
이렇게요. 그랬더니 누가 힘센 사람이 약한 사람을 때리면 힘
센 사람을 뜯어말리는 게 맞지 않느냐고, 빈 라덴과 부시를 동
격으로 놓는 것은 틀렸다는 거예요. 미국사람이 나쁘니 미국을
비난해야 하는 것 아니냐고요.

그러나 한 사람이 때리니까 한 사람이 맞은 거 아니겠어요. 때
린 사람이 없으면 맞은 사람도 없고, 맞는 사람이 없으면 어떻
게 때려요. 사건은 하나고, 하나의 두 얼굴이에요. 이걸 하나로
봐야 해요. 이쪽도 사람이고 저쪽도 사람이니, 사람이 사람을
때린 거예요. 사람이 사람한테 맞은 거고요. 이 문제를 풀어야
해요.

예수는 때린 사람은 보지도 않고 맞은 사람한테 뭐라 그래요.
때린 미국은 안 보고, 빈 라덴한테 가서 뭐라고 해요. 그게 예수
예요. 때린 사람에게 문제를 해결할 답이 있었다면 처음부터 안
때렸겠지요. 아인슈타인도 '문제를 일으킨 사람은 문제를 해결
할 의식이 없다'고 했고요. 그래서 저는 부시와 빈 라덴이 같다
고 봐요. 둘 다 폭력이죠. 이걸 전혀 다른 눈으로 볼 수 있는 사

람에게 희망이 있어요. 갈등 그 자체는 분석하려 할수록 오리 무중이고, 정체를 알 수 없어요. '이건 내 속에 있는 혐오다. 저 사람 속에 있는 혐오가 아니라, 내 속에 있는 혐오다. 나와 다르 다고 미워해야 하나?' 한두 사람이라도 이렇게 생각한다면 거기 에 희망을 둬야 하지 않겠나 생각해요.

김 그러니까 '혐오'라는 프레임에는 가해자와 피해자라는 이분법이 있는데, 그 틀 밖에서 봐야 한다는 말씀이신 거죠?

이 피해자에게 초점을 두는 거죠. 예수가 오른뺨 맞으면 왼뺨 돌려 대라고 했듯이.

김 그런데 빈 라덴과 부시는 서로가 피해자라고 주장하잖아요.

이 내가 볼 때는 둘 다 같은 사람, 둘 다 때린 사람이에요. 그들에 게는 답이 없어요.

김 그러니까 바깥에서 보시겠다는 거잖아요.

이 다르게 보겠다는 거죠. '맞았으니까 때린다' 이건 똑같은 거예 요. 가해자, 피해자를 나눌 것도 없어요. 부시도 빈 라덴도 가해 자니까. 그러나 갈등을 보는 게 아니라, 그 갈등을 통해 다른 무언가를 볼 수 있는 사람도 있어요. 온 세상이 미움으로 도배한다 해도 나는 미워하지 않겠다, 나 혼자라도 그러겠다고 생각하는 사람이 늘면 좋겠고, 우선 저부터 그렇게 생각하겠다는 거예요. 누구를 죽이면서까지 해야 할 일은 없고, 그런 상황이 생기면 차라리 내가 죽겠다고요. 젊은이들 중에도 그렇게 생각하는 사람들이 있을 거라고 봐요. 보통은 한둘, 아주 소수고 다중은 아니에요. 예수는 그 사람들에게서 희망을 보지 않았을까, 예수 자신도 소수였잖아요. 많이 외로웠겠죠.

김　그런 소수를 우리가 존경해 마지않지만…, 이런 이야기도 있어요. 어떤 목사가 탕자의 비유를 얘기하는데, 그건 아버지가 재산을 탕진하고 돌아온 아들을 받아준 얘기잖아요. 그때 누군가 딸은 어째서 그런 이야기에 등장하지 않느냐고 물었어요. 가령 사사기 19장에서 에브라임 지파와 베냐민 지파 간의 갈등이 첨예해졌을 때, 에브라임 지파의 집에서 제사장으로 일하는 레위인이 베냐민 부족의 기브아 성읍에 들어갔다가 어느 노인 집에 유숙하게 되었는데, 그곳 청년들이 집을 둘러싸고 레위인을 욕보이겠다고 고래고래 소리를 질러댔어요. 근데 그 집주인은 레위인의 아내를 내보냈고 그 여성은 밤새도록 청년들에게 윤간을 당하다 새벽에야 그 집 문고리를 잡고 쓰러져버렸어요. 아침에 그 레위인은 쓰러진 아내를 나귀에 태워 서둘러 집으로 돌아갔고, 그 아내를 토막 내서 이스라엘 부족들에게 보내요. 그리고 이스라엘은 기브아를 향해 응징의 전쟁을 벌였고요.

이 이야기 전체가 혐오주의와 관계있어요. 근데 이 이야기의 피해자는 레위인의 아내인데, 그 레위인이 피해자임을 주장하면서 응징을 호소했고, 이스라엘이 들고 일어나 베냐민의 기브아 족속을 멸족시킬 만큼 학살했어요. 지금껏 여성의 입장에서 성서를 논하는 분위기가 없었을 때는 레위인 아내의 시선에서 이 텍스트를 읽지 않았어요. 그런데 여성들에게 자의식과 문제의식이 생기고 나니 성서가 좀 이상한 거예요. 그래서 최근에야 새롭게 읽으려는 시도를 하게 되었어요.

말씀하신 대로 그런 관점 너머에서 생각하고 말할 수 있으면 좋겠지만, 비로소 자의식이 생겨 자신의 눈으로 보니까 불평등하다고 말하는 것을 성숙하지 못하다고 비난할 수는 없잖아요. 꼭 필요한 일이기도 하고요. 그럴 때 듣는 남성들이 수긍하고 들어주면 좋은데, 요즘은 젊은 여성들이 취직도 더 잘하고, 남성들이 오히려 밀려나는 것처럼 보이니까 여성들이 피해자 코스프레 한다고 말하게 되는 거예요. 빈 라덴과 부시의 갈등과도 마찬가진데, 이것을 바깥에서 이야기할 수 있으면 좋겠지만 사실은 각자 마음 아픈 데가 있잖아요.

이 갈 데까지 가야지 할 수 없어요. 색안경 쓰면 세상이 다 그렇게 보이잖아요. 빨간 안경을 써서 세상이 빨갛게 보이는 걸 나무랄 순 없어요. 그러나 거기가 종점도 목적지도 아니라는 거죠. 이게 하나의 과정이라면 저는 이 문제가 그리 심각한 게 아니라고 봐요. 갈등이라는 게 있어서 인류가 이만큼 온 거예요. 애들은 싸우면서 큰다고 하잖아요. 어른도 마찬가지예요. 서로 갈등하면서 조금씩 변화되는 과정을 본다면 갈등 자체를 그리 심각하게 여길 것은 없지 않을까 싶어요.

김 목사님은 늘 희망을 읽어내시네요. 저는 아직 그만큼의 성찰이 없어서 그런지 사건에서 계속 불행의 가능성을 보게 되거든요. 이를테면 빈 라덴과 부시는 기저에 있는 어떤 갈등을 특정한 방향으로 부추긴 사람들이잖아요. 그러면서 그것이 폭력과 증오가 되었고요. 애틀랜타 총기난사 범인이었던 청년이 날 때부터 싸이코패스 살인범이었다면 문제가 쉽지만, 이 사람도 처음부터 그리 위험한 사람은 아니었어요. 그런데 그렇게 되었잖아요.

그 기저에는 무엇이 있을까 생각하다가 문득 〈폴링다운(Falling Down)〉이라는 미국 영화가 떠올랐어요. 햇볕이 작렬하는 도로에 차는 꽉 막혀있고, 차 안은 더워죽겠고, 차들이 서로 무례하게 운전하고 상대방을 비난하다가, 결국 누군가 차를 딱 멈추고 총질을 해서 눈에 띄는 사람을 죽여 버리는 이야기예요. 그 청년도 이 영화 주인공처럼 우발적으로 뭔가 욱했을 수 있어요. 그런데 왜 하필 아시아인과 여성을 겨냥했을까요. 사람의 머릿속에는 분노를 표출하는 경로가 있잖아요. 그게 날 때부터 정해진 게 아니라 어디선가 부추겨진 결과는 아닐까요. 그렇다면 누가 부추긴 걸까? 그것이 어떤 개인일 수도 있지만, 혐오주의를 부추기는 그 사회의 시스템일 수도 있잖아요. 물론 갈등이 사회를 성숙하게 하고 발전시킬 수도 있죠. 그러나 그 갈등이 누군가의 불행을 만들어내는 요인으로도 작동할 수 있어요.

이 그 청년이 한 개인이라고 얘기하지만, 사실 '개인'이란 하나의 관념이라고 봐요. 집단에 속하지 않은 개인이란 없어요. 그래서 어떤 한 사람만 감옥에 넣는다고 문제가 해결되지 않는다는 것을 우선 알아야 해요. 전체의 문제죠. 이런 갈등과 혐오가 대체 어디서부터 시작됐는지는 아무도 몰라요. 원인을 찾으려고 자세히 들여다볼수록 더 안 보이죠. 이런 사건의 성격을 규정하지 말라고 할 수는 없겠지만 거기에 답이 있다고 보지는 않아요.

제가 자꾸 이야기하고 싶은 것은 '자, 이게 네가 살고 있는 세상이야. 그럼 너는 어떻게 살래?' 하고 사람들이 자신에게 한번 질문해보면 좋겠다는 거예요. 저는 거기에 답이 있다고 보거든요. 눈은 저쪽을 향한다 해도, 그것을 보고 있는 나를 좀 보라는 거죠. 예수가 돌 던지려던 사람들한테 '죄 없으면 쳐라' 했던 것이 자기 자신을 보라는 말이에요. 그게 예수의 방법이었다고 생각해요. 포도나무가 포도를 맺었다고 할 수도 있지만 대지가, 지구가 맺었다고 볼 수도 있어요. 그렇게 보는 것이 맞지 않나 싶고요.

'너나 가를 것 없이 우린 같은 운명체다. 길이 다르지만 너를 배척하거나 미워할 것은 아니다. 길은 달라서 동행은 못하지만 너와 싸울 일은 없고 너를 죽이지도 않겠다.' 이렇게 말하고, 또 실제로 살아내는 일을 개인은 할 수 있어요. 저는 그렇게 해봤어요. 어떤 이유로든 아무하고도 싸우지 않았어요. 아무리 내가 옳고 상대가 틀렸다 생각해도 그걸 꺾으려 하지 않아요. 그런 일에는 동의할 수 없어요. '뜻이 달라서 나는 같이 하지 않겠다. 그러나 당신이 원하면 그렇게 하시오.' 이제는 그런 사람들이 나오는 시대가 왔다고 생각해요.

자, 여기 똑바른 직선을 그었다고 한번 상상해보세요. 그 직선이 아주 길게 늘어나 지구를 한 바퀴 돌았다면 이게 직선입니까, 곡선입니까?

김 제가 수학과를 나왔는데요. ㅎㅎㅎ 유클리드 기하학이라는 게 있어요. 한 직선 위 바깥에 있는 한 점에서 이 직선과 평행한 선이 하나밖에 없다는 가설이 고전 기하학인데, 그게 깨졌어요.

이 그래요? 그러면 지금은 어떻게 됐어요?

김 그러니까 이게 만나기도 하고 안 만나기도 하는 거예요. 왜냐하면 평평한 공간이란 게 없거든요.

이 그러면 직선이라는 말이 틀린 거예요?

김 두 평행한 선이 만나거나 벌어지면 직선이 아니라는 가정이 틀린 거죠. 그러니까 우리가 직선이라고 생각했던 통념이 틀렸다는 거예요.

이 그러니까 직선이라고 생각할 수는 있지만 직선은 없다, 원천적으로 직선이 불가능하다는 거군요.

김 통념에 따른 직선은 없다는 거겠죠.

이 저는 그 질문에 제 식으로 대답해봤어요. '직선이면서 곡선이다.' 내 눈으로 볼 수 있는 한계, 내 감각으로는 곧은 직선이지만 지구를 한 바퀴 돌면 그건 곡선이다. 그러니 이것은 직선이면서 곡선이다. 모순이죠. 그 청년은 공격자이면서 동시에 피해자라는 거예요. 사실 그 사람은 총을 쏘면서 자기가 그 총에 맞은 거예요. 소위 '모순의 통일'이란 말을 하잖아요. 하느님인데 사람이다, 이것은 모순 아니에요? 아버지인데 아들이다, 이건 말도 안되죠. 나는 네 안에 있는데 너는 내 안에 있어, 이것도 말이 안돼요. 그런데 그렇게 얘기한단 말이죠. 말뿐만 아니라 진짜 그렇게 살아버렸다는 거예요. 그렇다면 나도 그렇게 살 수 있겠다고 생각하는 사람들이 생겼으면 좋겠어요. 물론 외롭겠죠. 그러나 가능하다고 봐요. 그런 엉뚱한 사람들이요.

김 그래도 뭔가를 규정 짓는다는 것의 위험성은 있잖아요.

이 직선이 불가능한 것처럼, 어쩌면 규정 자체가 불가능한 것 아닐까요? 그렇다고 안할 수도 없고, 참. ㅎㅎㅎ

김 어떤 사건을 규정하는 것은 그것을 규정하는 방식대로 세계를 이끌어왔다는 말이에요. 세계는 잠정적이라는 것을 서로 알면서도 규정하려고 해왔다는 것이죠. 그런 것들이 우리 지구에서는 일종의 게임의 룰 같아요. 그것을 덧없게 볼 수도 있는데, 문제는 그 안에서 사람들이 살고 죽고 불행이 일어난다는 거예요. 개신교 신학자인 제 관점에서는 개신교가 한국 사회에서 저지른 중요한 혐오 사건들이 많아요. 그래서 제가 제시한 가설이 있어요.

이를테면 미워하는 마음이 있어요. 그런데 미워하는 마음이 있다고 때리는 건 다른 문제거든요. 그러나 실제로 때리고 목숨까지 빼앗는 행위들이 벌어졌어요. 개신교라는 신앙의 이름으로요. 이렇게 미움과 폭력적인 행동 사이에 분명 무언가 있는데, 저는 이것을 세 가지로 봤어요.

하나는 미움을 특정인이나 그룹에게 집중시키는 사회적 프레임이에요. 동성애가 에이즈의 원인이라고 한다든가, 중국인이 코로나의 원인이라든가 하는 식으로 생각하게 만드는 뭔가가 있는 거죠.

그 다음엔 무언가를 미워하지 않으면 못 견딜 것 같은 문화가 있죠. 어떤 사회의 어떤 시기에는 무언가를 공격하지 않으면 못 견디는 거죠. 청소년기의 집단 따돌림 문화 같은 게 그런 게 아닐까 생각해요.

또 하나는 예언자예요. 냄비에서 물이 마구 끓어오를 때 냄비뚜껑에다 구멍을 하나 뚫으면 아주 맹렬하게 소리를 내면서 그 구멍으로 김이 터져 나오잖아요. 그걸 '솥뚜껑 이론'이라고 하는데, 그 구멍을 뚫어주는 존재, 분노하고 화가 부글부글 끓는 사람들한테 '여기가 너희의 분노를 터뜨릴 곳'이라고 지정해주는 예언자가 있다는 거죠.

제 가설은 이 혐오의 문화, 혐오가 만들어지는 사회적 시스템, 예언자가 결합됐을 때 이렇게 사람들의 분노가 공격으로 표출되는 일이 벌어진다는 거예요. 1945~50년대에 한반도에서 잔혹한 학살자였던 서북청년단은 해방 직후 서북지역, 그러니까 평안도와 황해도 지역에서 월남한 청년들이 다수였어요. 그들 중 상당수가 개신교 신자였고요. 하지만 그 무렵 서북지역에서 월남한 사람들 모두가 분노에 찬 학살자는 아니었어요. 물론 대다수는 공산주의에 대한 분노가 있었고, 그래서 월남했죠. 하지만 그렇다고 공산주의자들을 무자비하게 죽이고 가족을 파멸시키는 건 다른 문제예요. 게다가 학살자가 되었던 이들도 처음부터 그랬던 것은 아니에요. 그들이 정착해 살아야 했던 남한 사회의 메커니즘 속에 그들을 증오의 학살자로 만드는 장치가 있었어요. 그래서 그중 일부가 그런 시스템의 수행자, 괴물이 된 거죠. 현재 우리 사회에서 부글부글 끓는 갈등들은 젠더 갈등이라는 형태로 과도하게 표출되고 있어요. 그게 증오범죄를 일으키기도 하고, 때로 피해를 주장하는 여성들 또한 가해자가 되기도 하잖아요. 그 와중에 어떤 사람은 목숨을 끊기도 하고, 어떤 사람은 죽임을 당하고, 평생 회복하기 어려운 정신적인 트라우마가 생겨 고통스럽게 살아가기도 하죠. 그런 일이 집단적으로 발생하면 그 규모가 굉장히 커지기도 하고요. 그래서 저는 지금 이 시기가 무척 위험한 것 같아요. 우리 사회에는 혐오를 일으키는

시스템과, 그런 문화와, 그것을 부추기는 예언자들도 아주 많거든요. 사람들이 거기에 동요하기도 하고요. 프레임 밖에서 말하는 일도 필요하고 훌륭한 태도지만, 저는 그런 시스템이 만들어지고 증오의 예언자가 등장하면서 일어나는 갈등에 자꾸 조바심이 나요.

이 저 역시 이 땅에 사는 사람이고, 갈등 속에 살았죠. 누가 저를 미워할 수도 있고 저도 누군가를 미워할 수 있어요. 다만 세류世流, 세상 흐름이라는 것을 고전적으로 성서에선 '사탄'이라고 해요. 예수 말로는 '공중 권세 잡은 자들', 눈에 안 보이지만 그런 게 있어요. 간단히 말하자면 그들의 목표는 하늘의 명을 거역하라는 거예요. '하늘의 명을 따르지 마라.' 첫 사람 아담이 그리 간 거죠. 그러면 그때부터 결국 자기가 자기를 괴롭히는 거예요. 사람이 사람을 괴롭히는 거죠. 소위 악마의 속삭임에 넘어간 거죠. 이 시대에 다른 모양으로 나타나는 거지 사실은 저 창세기 때부터 지금까지 계속 있어온 거죠. 거기에 예수라는 인간이 나타나서 '그렇게 안 살아도 돼'라고 얘기한 거예요. '하늘의 명령에 복종할 수도 있어. 꼭 거역해야만 하는 건 아니야. 너 스스로 네 생각을 포기할 수도 있어. 꼭 네 생각을 주장해야만 하는 건 아니야. 기꺼이 네 주장을 포기할 자유도 있어.' 이런 이야기를 했단 말이죠. 그래서 '둘 중 하나가 죽어야 한다면 내가 죽을게', 그걸 말만 한 게 아니라 실제로 했어요. 그러다보니 둘 다 살았어요.

우리나라 민담에도 그런 얘기 많아요. 나이든 아버지, 두 내외, 손주 이렇게 삼대가 사는데 어느 날 아버지가 병들고 약이 없어 속절없이 죽어가요. 두 내외가 수심이 가득한데 지나가던 도사가 아홉 살 먹은 사내아이를 밤새도록 고아서 그 국물을 드리면 낫는다는 거예요. 그게 바로 자기들 자식이야. 결국 두 내외가 저녁에 돌아온 아들 녀석 옷을 벗겨 밤새 고았다는 거 아니에요. 그 물을 아버지한테 드리니 아버지가 언제 아팠냐 싶게 나았다는 거예요. 하지만 두 내외가 기뻐할 수만은 없죠. 자식을 잃었으니까. 그런데 아침에 삽짝을 열고 자식이 들어왔어요. 어찌된 일인가 하는데 아이 말이 어제 훈장 선생님이 너 오늘 집에 가면 죽으니까 여기서 자고 가라고 했다는 거예요. 이게 어찌된 영문인가 하는데 도사가 나타나서 말해줘요. '당신들이 어제 아버지냐 자식이냐 둘 중 하나를 선택해야 했는데, 여기서 자식을 죽이라는 게 하늘의 명이었다. 당신들이 그 명을 따르는 것을 보고 산신령이 하도 기특해서 동자삼을 보냈다.'는 거예요. 동자삼은 어린아이처럼 생긴 산삼이죠. 그래서 결국 잘 살다 죽었다는 민담이 있어요.

김 성서 설화보다 낫네요. ㅎㅎㅎ

이 아버지냐 자식이냐, 이건 아브라함 이야기에도 나오잖아요. 아브라함은 자식을 못 죽였는데, 우린 밤새도록 고아요. 이 민족이 그런 민족이야. ㅎㅎㅎ 아버지는 나를 낳으신 분이고, 자식은 내가 낳은 거죠. 내가 낳은 것보다 나를 낳은 쪽이 우선이고, 그래서 내가 낳은 것을 죽이면 나를 낳은 것이 산다는 거예요. 아버지가 예수를 죽였고, 그래서 산 것인데, 말뿐 아니라 실제로 그렇게 했어요. 그렇게 보면 나는 자식이잖아요. 그래서 예수가 '살려고 하면 죽고, 죽으면 산다'는 묘한 말을 한 것 아닌가 싶어요. '죽으려고 하면' 산다가 아니라, '죽으면' 산다.

전에도 말했지만 우리는 '어떻게 하면 살아남지?'라는 생각으로 지배당하고 있어요. '이 상황에서 내가 어떻게 하면 저분의 뜻대로 죽어갈까? 어떻게 하면 내가 죽고 저 사람은 살릴까?'라고 생각하지는 않아요. 그러나 그 생각을 못하는 건 아니죠. 누구든 할 수 있어요. 예수가 그런 얘기를 하러 우리에게 왔고, 지금도 얘기하고 있지 않은가. '현실을 외면하자는 게 아니라, 현실을 통해서 들려오는 하늘의 음성을 들어보자. 다 같이 할 수는 없겠지만 나는 할 수 있다.' 이렇게 생각하는 사람들이 좀 생겨났으면 하는 거죠.

김 거기에 현실 얘기를 좀 덧붙이자면, 한국에서 2019년에 '여성폭력 방지 기본법'이 제정됐어요. 이 과정에서 일어난 격렬한 논쟁이 좀 슬프기도 재밌기도 한데, 이게 우리 시대를 읽는 하나의 코드 같아요. 그 법안을 낸 국회의원의 자료를 보면 당시 강력범죄 피해자 90퍼센트 정도가 여성이었어요. 인구비율로는 남성이 여성보다 많은데 강력범죄 피해자는 9대 1로 여성이 압도적이니 여성폭력 방지 기본법이 필요하다는 여론이 생겨난 거예요.

그 법안에 여성폭력에 관한 개념규정이 이렇게 들어가게 되었어요. 처음에는 '여성폭력이란 성별에 기반한 폭력이다'라고 정의했는데, 그러면 성별에 기반한 폭력을 당한 사람이 여성이 아니어도 '여성폭력'에 해당한다는 말이 되니까 문제가 된 거죠. 결국 '여성폭력은 성별에 기반한 여성에 대한 폭력이다'라고 들어갔어요. 문재인 정부 공약 중 '젠더폭력 방지 기본법'이라는 게 있었는데, '젠더'라는 말이 어렵고 당시 피해자의 절대 다수가 여성이다 보니 '여성폭력 방지 기본법'이 된 거예요.

그러니까 이번에는 젠더폭력으로 피해 받는 남성들은 이 법의 보호를 못 받느냐는 질문이 나왔어요. 또, 어째서 성소수자는 이 법에서 제외되느냐는 문제제기도 나왔죠. 그러자 보수 쪽에서는 성소수자가 보호받는 법을 만들면 안된다고 했는데, 보수 정치인 중에는 기독교인이 많죠. 그래서 결과적으로 '여성폭력은 성별에 기반한 여성에 대한 폭력이다.' 이렇게 규정되었어요. 거기에 남성들은 발끈하고, 여성들은 지지하는데, 이 안에서 굉장한 성별 갈등이 표출된 거죠. 사실 이 법안에는 성소수자나 다양한 피해자 문제가 들어있었음에도 법안제정에 관한 여성과 남성의 문제로 환원돼 결국 양쪽에서 다 공격을 받게 됐죠.

현실에서 이 정부가 옳다 그르다 얘기하고 싶은 건 아니지만, 정치란 일종의 협상이잖아요. 이미 여론에서부터 협상의 여지가 없어졌고, 어느 쪽이든 다 결과적으로 비난받을 수밖에 없었죠.

이 그렇겠죠.

김 미국은 총기규제에 대한 논의가 많은데, 미국 역사를 보면 총기가 필요한 이유가 있었어요. 이민자들이 들어와서 넓은 영토가 빠르게 확장되는 중에 중앙정부가 전부 통제하지 못하니까, 각자 살아남으려는 와중에 총이 필요했던 거예요. 그러다보니 그들의 문화적 기억 속에 총이란 자기를 보호하는 기본적인 도구예요.

그런데 디지털 사회로 변화해가면서, 온라인 세계에서는 사람들의 말이 무기잖아요. 그 세계에서 벌어지는 엄청난 싸움에 참여하는 사람들이 주로 20·30세대 청년들인데 그 싸움을 통제할 사회적 시스템이나 문화가 없는 거예요. 미국 영토가 너무 빨리 확장되었던 것처럼, 온라인 세상도 너무 빨리 변화하고 확장되니까요. 그런 상황에 전쟁은 이미 벌어졌고, 전사들은 상대를 무기로 공격해야 해요.

일터나 사회에서 싸우며 살아남은 사람들을 지켜보면, 자기편을 확대할수록 유리해요. 그러려면 주장이 좀 모호하고, 책임지지 않는 방식으로 말을 해야 해요. 그런데 전사들은 무조건 공격해야 자기가 살아남는 상황인 거죠. 이런 전투가 벌어지는 와중에 무기를 든 사람들은 청년들이고, 그 무기를 제어할 문화는 없고, 그걸 교섭하려는 기술은 통하지 않는 사회에서 벌어지는 무한전쟁이 지금은 젠더 갈등으로 나타나는 것 같거든요.

이 선생님 이야기를 들으면서 그림이 하나 떠오르네요. 보통 논바닥에 물이 고여 있잖아요. 논물을 늘 가둬놓는데, 갑자기 논둑이 터질 때가 있어요. 그러면 물이 못 새나가게 막아야 되는데, 터진 둑 바깥을 막으면 소용이 없어요. 금방 다시 터져버려요. 둑 안쪽을 막아야 해요. 안쪽에 삽 하나 떠 넣으면 금방 끝나죠.

지금 사람들은 답이 없는 데서 답을 찾고 있어요. 폭력을 방지해서 없앨 수 있어요? 방지는 답이 아니에요. 그래서 마더 테레사Mother Theresa는 안티워Anti War, 반전反戰은 못하겠다고 했어요. 그건 논둑 바깥에서 물을 막으려는 거거든요. 답이 없어요. 폭력을 뭐로 막겠어요? 감옥에 가두고, 때린 사람을 징벌하는 걸로는 답이 없어요. 그러니까 안쪽을 막아야 된다고요.

그래서 예수 같은 분들은 사회를 보는 관점이 달라요. 사람들은 일어난 현상을 보면서 무슨 일이, 왜 일어났는지를 물어요. 그러나 그분은 사람을 봐요. 그 사람 안에 답이 있어요. 문제도 사람 안에 있지만, 문제가 있단 얘기는 답도 있다는 얘기거든요. 현상을 분석하자면 한도 끝도 없어요. 어디까지 가야 할지 몰라요. 그 대신 전혀 다른 삶의 모습을 보여주는 거죠. 예수는 로마의 체제 같은 것을 분석하지 않았어요. 이 세상에서 어떻게 할 거냐, 어떻게 살 거냐. 그 질문에 답이 있다고 봐요. 나한테서 문제를 들여다보면 답은 얼마든지 나온다고 봐요.

제가 엊그제 꿈을 꿨는데, 두 개의 방 한가운데 미닫이문이 있었어요. 한쪽엔 사람이 서너 명, 다른 쪽은 바글바글해요. 다들 미역국을 먹는데 한쪽엔 미역국이 찰랑찰랑 넘치고, 반대쪽은 미역줄기 몇 가닥만 있어요. 그런데 두 방 모두 아주 흉측한 곰팡이가 벽을 타고 피어오르는 거예요. 꿈속에서 이 미역국을 저 방에다 좀 덜어주면 곰팡이가 다 없어질 텐데 생각했어요. 모자라는 건 어느 한쪽이지만 곰팡이는 양쪽 방에 다 피는 거예요.

답은 이걸 덜어서 저기 갖다 주면 돼요. 미닫이는 아무것도 아니에요. 사실 간단해요. 있는 사람들이 절반만 내놓아도 전 세계 기아 문제는 금방 해결돼요.

다들 이미 알고 있어요. 그런데 제가 볼 땐 인간들이 애써서 모를라 그래요. 이게 참 묘한 거예요. 이 문제를 해결하려면, 문제 자체는 문제가 아니고 그 문제에 내가 어떻게 응답하느냐, 이게 답이라고 생각해요. 각자가 자기 길을 찾아야 해요. 세상이 뒤집어지든 말든 예수가 '오늘도 내일도 모레도 나는 내 길 간다. 죽이려면 죽여라.' 했듯이. 과거 우리 선인先人들도 그렇게 했죠. 테레사 수녀가 반전은 못하겠다고 한 것처럼요. 전쟁에 반대하려면 전쟁의 존재를 인정해야 하거든요. 예수는 그걸 보지 말라는 거예요. 'pro-peace' 하겠다, 평화에 찬성하는 데 힘을 쓰겠다, 저는 그게 옳다고 봐요. 세상은 언제나 엉망진창이에요. 처음부터 그랬어요. 문제로는 문제를 풀 수 없고, 그 안에서 전혀 다른 시선이 필요한 거죠.

김 굉장히 중요한 지적이신 것 같은데, 지금처럼 젠더 갈등이 극심할 때, 이를테면 선배 페미니스트나 진보적인 남성들이 아무 역할을 못하고 있어요. 안하는 게 아니라 못하는 거예요.

이 아무리 햇볕이 쨍쨍 내리쬐어도 파라솔 하나 써버리면 소용이 없죠. 말을 해도 듣는 사람이 있어야 가닿는 거고, 아무리 좋은 말이라도 안 듣겠다면 어쩔 수 없어요. 이게 결국 탕자가 제 발로 집 나가 고생하는 거예요. 누가 시킨 것도, 강요한 것도 아닌데, 스스로를 고생시키는 거죠. 그래도 이걸 전체로 보면, 아까 '직선이지만 곡선이다'라는 것과 같아요. 집을 떠나는 아들이, 바로 그 아들이 돌아오는 아들입니다. 둘은 분명 다른 길을 가고 있지만 결국 같은 길로 가는 거예요. 사실 어느 한쪽 편을 들면 쉬워요. 그래서 어느 쪽도 편들지 않은 턱낮한 스님이 미움을 많이 받았어요. 그러면 양쪽에서 얻어맞죠.

김 그러니까 논둑의 물을 막을 때 터져나간 바깥쪽이 아니라 안쪽에 답이 있다고 하신 것처럼, 우리 사회 내에서 프레임을 조장하는 사회적 시스템을 제어하는 장치나 제도가 필요한 거죠. 사회는 프레임을 만들려고 하거든요. 그랬을 때 이득을 보는 세력들이 있어요. 민주주의란 특정한 시각에서 특정한 집단의 이해관계를 과잉 반영해서 해석하지 않아야 하잖아요.

또, 세대 갈등과 젠더 갈등의 공통점으로 한국 사회에서 특정 집단이 자원을 과잉 독점하는 문제가 있어요. 그 독점을 제어할 장치가 필요해요. 제 생각에는 우리 사회의 갈등을 전반적으로 완화시키고, 그 갈등을 거리를 두고 보게 해주는 사회적 조건들이 만들어져야 해요. 갈등이 코앞에 직면했고, 여기서 내 인생이 좌우된다는 두려움에 빠져 있는 사람들은 무기 들고 싸우는 수밖에 없죠. 그래서 과거에 이념으로부터 거리를 두었듯이 독점으로부터 거리를 두는 문화가 있어야 이런 갈등 상황을 좀 관조할 수 있을 것 같아요. 우리 사회는 내려놓기가, 기부 같은 문화가 잘 안돼요. 이미 독점한 사람들은 그 정보로 더 많이 차지하려고 혈안이 되어있죠. LH 직원들의 부동산 문제도 그런 일이었고요. 이런 데 제동을 걸 수 있는 사회 시스템이 만들어지지 않으면, 이 갈등은 중재되지 않는다고 봐요.

이 그런 걸 누가 만들어요?

김 제 생각에는 거기에 중심적인 역할을 해야 하는 사람들이 우리 사회의 권력을 제일 많이 가지고 있는, 현재의 50·60세대라고 보거든요. 세대 갈등 문제가 불거졌을 때도 같은 말이 나왔어요. 우리 사회에서 50·60세대가 내려놓지 않으면 해결되지 않는다고요. 젠더 문제도 똑같은 상황이에요.

이 둘이 서로 부딪치니 갈등이잖아요. 이기고 지고 하는 갈등, 그걸 무언가로 규제하거나 균형을 이루게 하는 장치가 필요하단 얘기인가요?

김 지금의 갈등은 20·30세대의 전쟁으로 표출되는데, 그 해결책은 20·30세대의 이슈 안으로 들어가서는 안될 것 같다는 거예요. 선배 페미니스트들이나 저처럼 어정쩡한 진보들이 그 이슈 안으로 들어가서 그 문제에 대해 이러쿵저러쿵하는 방식이 아니라, 바깥에서 풀어야 할 것 같아요. 우리 사회에서 작동하는 독과점 체제, 연배로 따지면 50·60세대, 성별로 따지면 남성, 또 그 안에서 특정 계급들이 언론·정치·사회·기업 등의 분야에서 독과점한 것들을 규제해야 할 것 같아요. 우리 사회는 그런 룰이 너무 약해요.

이　그 룰을 누가 만들어요?

김　시민이 만들어야죠. 시민 중에서도 우리 사회에서 제일 인구가 많은 50·60세대, 그 사람들은 민주주의에도 관심이 많으니까요.

이　그 사람들은 갈등 구조 안에 안 들어가나요?

김　그 사람들도 갈등 구조 안에 들어있지만, 핵심적인 전쟁은 주로 20·30세대 사이에서 벌어지고 있어요.

이　그렇다면 독점한 그 사람들, 독점의 주인공들이 독점된 상황을 규제하는 법을 만들 수 있다는 거예요?

김　독점하고 있는 사람들은 50·60세대 중에서도 소수죠.

이 그 사람들이 스스로 그걸 규제하는 법을 만들 수 있어요?

김 그 세대가 민주주의에 대한 열망이 가장 강한 세대거든요. 그 세대가 해야죠.

이 지금은 그렇게 안 하고 있나요?

김 별로 안 하는 것 같아요. 누가 정권을 잡느냐만 관심 있지, 민주주의의 증진을 위해서는 별 노력을 안 하는 것 같아요.

이 그렇군요.

김 지금 청년들이 전쟁을 벌이고 있지만, 저는 이 갈등의 근저, 이 전쟁의 배후에는 자원을 독점한 특정 계층과 연령의 사람들이 그것을 나누지 않는다는 사실이 있다고 봐요. 그걸 나누는 방법이 민주주의고요. 그래서 저는 민주주의를 신장시키지 않으면 이 갈등을 완화하는 게 어렵다고 생각해요.

이 무슨 말인지 이제 조금 알겠어요.

김 다각적인 우리 사회의 갈등이 특정 갈등으로 과잉 표출되고, 그 전쟁터에 20·30세대 청년들이 있어요. 자원도 싸움의 기술도 없는 사람들이 무작정 맹렬하게 싸우는 거죠. 저는 그 싸움이 서로를 파괴시킬 거라고 보거든요.

이 아…, 그러게 말입니다. 이게 참 답답하기도 한데, 제가 자꾸만 개인을 이야기할 수밖에 없는 것은, 이런 상황을 버텨낼 수 있는 힘은 법과 제도가 아니라고, 그런 것이 우리 사회를 평화롭게 해주지 않는다고 보기 때문이에요. 법이고 제도고 아무리 만들어도 어기면 그뿐이니까요. 뭔가를 하지 말라는 이야기는 그렇게 하는 사람들이 있으니까 그런 거잖아요. 파괴할 수도 있지만 안할 수도 있죠. 그런데 사람들은 그런 가능성은 잘 안 봐요. 그런 가능성이 있는데도. 여기 있는 것, 저기 좀 나눠주면 되는데, 그게 싫다는 이 마음을 어떡할 거냐는 말이죠.

하루는 어느 초등학생 아이가 자기는 손해를 봤는데 같이 있던 다른 녀석은 손해를 안 봤다고, 약이 오르고 억울하다며 저를 찾아왔어요. 그래서 이 문제를 들고 제가 수업하는 중학생 아이들에게 가서 너희들은 이 아이의 마음을 어떻게 생각하느냐 물어봤어요. 이게 카인의 마음이죠. 왜 내 제사는 안 받고, 아벨 제사만 받느냐. 성서에서 카인은 아벨을 죽이는 것으로 해결을 봤는데 너희들은 어떻게 생각하느냐고요. 아이들이 토론을 해서 답을 만들어왔어요. '충분히 이해한다. 나라도 그랬을 것이다. 그러나 그것이 옳거나 건강한 마음은 아니다.' 충분히 이해는 되지만 이건 우리가 극복해야 할 마음이지 간직해야 할 마음은 아니다. 이것이 아이들이 스스로 내린 결론이에요.

저는 젊은이들도 스스로 생각할 수 있다고 봐요. '네가 무슨 짓을 하고 있는지 한번 봐. 그게 너에게 도움이 되냐? 남을 미워하는 게 너한테 좋은 걸까? 왜 그렇게 스스로 다치면서까지 남을 해치려고 하느냐.' 한번 반성해볼 기회를 주는 거예요. 사회는 청년들이 스스로에게 눈길을 돌려서 이게 과연 내 인생을 풍요롭게 하는지, 내가 건강하게 사는 방법인지 생각할 기회를 안 주고, 어른들은 자꾸만 이래라저래라 지시를 해요. 이게 잘못이라고 봐요. 젊은이들에게 스스로 생각할 기회를 줘야 해요. 어렸을 적부터 하면 좋지만 아직 늦지 않았으니 지금부터라도 해야 돼요. 꿈에서 본, 양쪽 방에 퍼지는 곰팡이를 해결할 방법은 적게 가진 사람들에게는 없었어요. 여긴 답이, 방법이 없어요. 있다면 강한 사람들, 가진 사람들이에요. 그래서 독점의 문제를 해결하자는 얘기는 독점한 사람들이 해야 해요. 어렵겠지만.

김 자기가 가진 것을 알아서 내놓으면 너무 좋은데, 개개인의 깨달음과 아울러 사회 시스템도 바뀌어야 한다는 거예요. 그런 변화를 위한 노력이 필요해요.

이 참 답답한 얘기지만, 그래서 예수가 말도 안되는 말을 하는 거예요. 시스템이란 게 하나의 틀이잖아요. 강둑이 있어서 강이 그리로 가는 게 아니라, 강이 흐르니까 거기 둑이 생겨요. 제도가 먼저 있고 사람이 거기에 맞춰 사는 게 아니라, 사람이 먼저라고 봐요. 그래서 공자가 그런 이야기를 했나 싶어요. '만인이 그렇다고 해도 내가 아니라면 아닌 길을 가는 것이다. 만인이 아니라고 해도 내가 보기에 그렇다면, 그리로 가라.'

김 저는 의견이 좀 다른데요. 사람들이 더 성찰하고 깨닫고 성숙하는 일은 중요하지만, 그렇다고 사회 시스템이 자동으로 변하지는 않는다는 거예요. 그러려면 특별한 노력이 필요하고, 저절로 이루어진다고 생각하면 안된다고 봐요.

이 물론이죠, 사람이 만들어야죠.

김 그리고 그런 걸 해나갈 수 있는 세력은 지금 전쟁터에 있는 사람들이 아니라 전쟁터 옆, 그 총탄에서 조금 비껴 있는 사람들이라는 거예요.

이 맞아요. 사실 진정한 의미에서의 예언자가 바로 그런 사람들이에요. 그런데 그들은 대중으로부터 환영받지 못할 것을 각오해야 돼요. 그럼에도 불구하고 선생님하고 제가 앉아서 이런 얘기를 하고 있잖아요. 듣고 안 듣고는 각자의 몫이고요. 예수가 오죽 답답하면 귀 있으면 들으라고 했겠어요. 안 듣는다는 걸 뻔히 아는 거죠. 내 말이 사람들에게 안 들린다는 걸 뻔히 알지만, 그래도 하잖아요. 우리가 지금 그러고 있는 거 아니에요? 그럼 됐죠, 뭐. ㅎㅎ.

양쪽에서 다 공격받을 것을 각오해야 하는 외로운 길이에요. 그런데도 왜 가느냐, 예수 식으로 말하자면, 이게 아버지가 내게 주시는 길이니까요. 씨 뿌리는 사람의 비유에서, 4분의 3이 유실되고 4분의 1만 싹이 난다잖아요. 나머지 셋은 사라지는데도 어째서 이 씨를 뿌리느냐, '나는 씨 뿌리는 사람이니까 뿌린다'는 거예요. 열매 거둘 계산을 하면 맥이 빠져요. 어떤 일을 좋아서 한다는 사람은 보기 힘들어요. 보통은 일에 대한 결과를 기대하죠. 그러니까 일이 중간에서 틀어지거나 취소되면 실망해요. 아뇨, 이게 다 삶이고, 그래도 돼요. 사람들이 알아주든 말든, 누가 듣든 말든, 환영해도 좋고 비난해도 좋은데, 이것이 내 삶이고, 하지 않을 수 없어서 하는 거예요.

욕먹을 수도 있지만 내 길이라 여기고 가는 사람들이 이 시대에도 있어요. 왜 없겠어요? 사람을 굳이 남자, 여자로 나누어야 하나. '동성애'라고 보면 복잡해지지만, 사실은 사람이 사람을 사랑하는 거잖아요. 몇 안되는 시골학교 아이들하고 지내면서 저는 그런 가능성을 봐요. 기존의 학교에 적응 못하는 아이들, 이런 아이들한테서 오히려 희망이 보여요. 말 잘 듣는 사람들이 아니라. ㅎㅎㅎ

배우고 가르치는 일

이현주(이하 '이') 어젯밤에는 잘 주무셨나요?

김진호(이하 '김') 네, 너무 멋진 곳이었어요. 공기도 좋고 별도 보이고 바다도 있고, 서울 촌사람한테는 더없이 감동적인 장소였어요. ㅎㅎ 오늘의 주제는 교육인데요, 사실 저는 교육에 대해 잘 몰라요. 목사님이 많이 좀 가르쳐주세요. 여기 이 학교에서는 몇 년 정도 수업을 해오셨나요?

이 한 5~6년 됐나 그래요.

김 해보니 어떠세요?

이 하느님이 저한테 아주 좋은 선물을 주셨다고 생각해요. 제게 대단한 무언가가 있는 것은 아니지만, 그래도 좋은 기회라고 생각해요. 이 학교는 졸업식을 아침 9시에 시작해 오후 5시에 끝나요. 하루 종일 졸업식을 하는 거죠. 학부모들이랑 아이들이 다 둘러앉아 이런저런 이야기를 나누는데, 마지막에 저한테 소감을 말하라고 하길래 제가 큰절을 했어요. 성서에 보면 아기 예수를 데리고 성전에 갔을 때 시므온이라는 늙은이가 '하느님이 내 눈에 메시아를 보여주셨으니 이제 내가 맘 편히 눈감을 수 있겠다' 그러는데, 제 마음이 딱 그랬어요. 그 졸업식을 보고 시몬이 왜 그런 말을 했는지 짐작했어요.

김 아이들 하나하나가 메시아로 느껴지셨군요.

이 하나의 싹을 본 거죠. 시몬도 그 아기 예수한테서 앞으로 일어날 일에 대한 희망을 보지 않았겠어요? 모세 때도 그랬지만, 예수가 태어날 무렵은 수많은 아이들이 죽어가는 상황이었잖아요. 모세는 사내아이 다 죽이라는 시대였고, 예수도 헤롯이 갓난아이를 마구 학살하는 와중에 태어났죠. 그런데 시므온은 그 아이에게서 그리스도를 봤고, 그러니 이제 자기는 눈감아도 된다고 했던 거예요. 저도 그 심정이 느껴졌어요. 이 아이들을 보니 눈을 감아도 되겠다.

김 선생님들이 졸업식 때 훌륭한 말씀을 많이 하셨겠지만, 제게는 목사님이 큰절을 하며 들려주셨다는 말씀이 제일 감동적이네요. 그럼에도 제가 감히 목사님의 심정을 헤아릴 만큼은 안되고, 우문愚問을 좀 드려볼까 해요.

이 아이고, 우문이라는 게 어디 있습니까.

김 이런 학교를 흔히 '대안학교'라고 부르는데, 다른 학교들과는 어떻게 다른가요?

이 '대안학교'라는 말을 누가 붙였는지 잘 모르겠는데, 언젠가 서울의 어느 교회에서 '대안교회'라는 주제로 하는 여름수련회에 초대를 받았어요. '대안'이란 기존의 것으로 좀 어려우니 뭔가를 다시 해보자는 것 같은데 제 머리에는 그런 게 없다고, 저는 그럴 깜냥이 안된다고 말씀드렸죠. 대안학교, 대안교회 같은 말을 많이 하는데, 지금 이 현실이 틀렸다는 데서 출발한 게 '대안'이라면, 문득 떠오르는 이야기가 있네요.

예전에 죽변에서 교회를 하는데 홍성풀무학교 교장선생님이 편지를 보내오셨어요. 혹시 고등학교 진학하는 아이들 있으면 그 학교로 좀 보내달라는 거였어요. 당시 우리 교회엔 그 또래 아이가 없었는데, 세월이 지나 대안학교라는 게 이슈가 되면서 그 선생님이 마치 선구자처럼 알려지셨더군요. 알고 보니 제가 편지를 받았던 1976년~1978년 무렵이 학교가 제일 어려운 시기였더라고요. 그때 그 학교 선생님들은 '학생이 한 명도 없으면 문을 닫자, 그러나 한 명이라도 있으면 문을 닫을 수 없다'고 하셨대요.

그 학교는 처음 설립하신 두 분이 기독교 정신으로 농사꾼을 기르자고 만드신 건데, 그 정신이 퇴색하지 않고 아직 유효하다면 학교를 유지하기로 한 거예요. 만일 학생이 단 한 명도 없으면 그건 하느님이 하지 말라는 뜻이니까, 그때 문을 닫자고 하셨대요. 그리고 세월이 지나니까 정말 대안학교의 모범이 돼서 지금은 들어가기도 어려워진 학교래요. 그때 그 학교를 설립한 분들의 머릿속에 '우리 대안학교를 하자' 이런 생각이 있었다면 아마 지금까지 못 오지 않았을까요. 대안은 하자고 해서 되는 게 아닌 것 같아요. 나름의 철학과 소신이 있고, 지금 이 상황은 틀렸고 계속 이렇게 하는 건 말이 안된다 생각하는 사람들이 모여서 무언가를 계속 하다보면, 세월이 지나 그게 대안이 되는 게 아닌가 싶어요. 대안이란 내가 하는 것이 아니라 그냥 되는 것 아닌가.

김 저는 이 학교가 너무 멋졌어요. 졸업식 풍경을 묘사해주신 목사님의 말씀도 멋지고, 그 자리에서 절을 하면서 메시아를 만난 노인 시므온의 마음이라고 하신 것에 대해서도 깊은 감동을 받았어요. 그런데 제가 우문이라고 했던 이유는, 이 학교를 '대안학교'라고 부르면서도 그 '대안'이 무슨 뜻인지를 여쭤봤기 때문이었어요. 그 개념을 바탕으로 이 학교를 파악하고, 목사님의 말과 행동을 해석해보려고요. 목사님은 '그런 것 없다, 그냥 하다 보니 대안이라고 불리더라', 이렇게 답하신 것 같고요.

제 질문이 어리석다는 것을 절감하면서도, 다시 한 번 어리석은 질문을 고집스레 드려볼게요. 교육운동에 투신한 누구라도 기존의 문제점을 명확하게 파악하고 그 대안을 구상하면서 뛰어드는 사람은 없을 거예요. 하지만 잠정적으로나마 '이게 핵심이야' 하고 대안교육이라는 상상의 나래를 펴는 것은 아닐까요, 그런 상상력을 토대로 교육운동에 투신해서 열정을 다하게 된 것은 아닐까요. 무수한 시행착오로 생각이 발전하고, 그 과정에서 삶으로서의 학교생활이 실현되고, 목사님처럼 '대안이 어디 있어, 그냥 하다 보니 이렇게 된 거지'라고 말할 수 있는 것 아닌가 싶은 거죠.

그러니까 목사님 말씀은 어떤 경지에 이른 성찰의 결과가 아닐까요. 젊은 청년들, 새로운 문제의식을 품고 뭔가 하고 싶은 사람들에게는 여전히 '대안'이라는, 어떤 가상의 목표가 필요한 것 아닐까요.

이 거기엔 하늘의 섭리가 있는 것 같아요. 그래서 아브라함한테도 정처를 알려주지 않고 그냥 떠나라 하신 것 아닌가 싶어요.

김 그렇게 말씀하실 것 같았어요. 그게 적절한 답이고, 교육에 꿈을 품은 청년들이 깊이 새겨야 할 말씀 같아요.

저는 80년대 초, 전두환 정권에서 중등교사를 지망하던 대학생이었어요. 경험도 지식도 고민의 깊이도 부족했지만 나름 이런저런 문제의식을 품었고, 대안이라 생각되는 것들은 이것저것 다 해보려 했죠. 당시 제 생각에 기성 학교는 좋은 교육의 장이 아닌 것 같았고, 졸업 즈음 구체적으로 진로를 결정해야 했던 시기에 느닷없이 교생실습을 포기했어요. 그러니까 한순간에, 대학 내내 품어온 꿈을 포기한 거예요. 대신 신학교에 가기로 마음먹었어요. 신학교에 들어가는 학생 대부분은 목회자의 꿈을 꾸지만, 저는 종교교육을 공부해 교회교사가 되려고 했어요. 당시 제겐 이런 고민을 함께 해주고 조언해줄 선배가 없어서 혼자 생각하고 혼자 계획해야 했죠. 그래서 제 고민은 구체적이지도, 더 깊어지지도 못했어요.

신학교에 들어간 뒤 교회 청소년부를 맡아서 2년간 최선을 다해서, 이른바 '대안교육'이라는 걸 시도해보았죠. 죽을 만큼 노력했는데도 처절한 실패와 좌절의 시간이었어요. 생각만 앞서던 성급한 청년은 불과 2년 만에 꿈을 접었고요.

그 무렵 안병무 선생님을 만나 민중신학자가 되기로 마음먹고 지금껏 30여년 그 길에 있지만 이 역시 쉬운 길은 아니었어요. 교사를 꿈꾸던 이십대보다 더한 좌절도 있었고, 넘어야 할 산도 높고 험했어요. 그런 길을 지나 오늘날 조금이나마 달관하게 된 것은 '안병무'라는 스승이 계셨기 때문이었어요. 안병무 선생님은 제게 '대안'이셨어요. 당시에는 그분이 제게 모방의 대상이었거든요. 교사를 꿈꾸던 때의 '대안'은 모호했는데, '안병무'라는 대안은 훨씬 명확했어요.

그러다 그분이 대안도, 모방의 대상도 아닌 참고할 선배이자 동료라는 생각에 이르자 그때 비로소 저는 민중신학자가 될 수 있었어요. 억지로 갖다 붙이자면 목사님이 '대안 같은 것은 없어, 그냥 살다보니 그렇게 된 거지'라고 하신 것 같은 마음이 어느 정도 제 안에 자리 잡았을 때 비로소 민중신학자가 된 거죠. 그러니까 제 얘기의 요점은 '대안 같은 것은 없다'는 말씀이 옳지만, 그것은 수련생이 품기에 너무 성숙한 성찰이라는 거예요. 대부분의 수련생에게는 더 구체적이고 명확하게 모방할 수 있는 대안이 필요하다는 거죠.

이 저는 대안이라는 게 없다고 말씀드렸는데요. 결론을 말하자면 이런 거예요. 교회를 '그리스도의 몸'이라고 하는데, 어디서는 교회가 '그리스도의 머리'라고 해요. 대안이란 어떤 안案을 짜는 건데, 그건 머리가 하는 일이잖아요. 정말 교회에 대안이라는 게 있다면 그건 그리스도에게서 나오는 거고, 우리는 그분이 시키는 대로 손발이 되어 움직이면 되지 않나 하는 게 평소 제 생각이에요. 한국 교회가 고민이라고 해도 그건 저분이 알아서 하시겠지 생각해요. 그러나 내가 신경 써야 할 것이 있다면 내

중심에 계속 저분을 모시는 거예요. 저분이 무슨 말씀을 하시는지 귀 기울이면 항상 할 일이 주어지니까요.

주기도문에서 '일용할 양식'을 달라는 얘기는 '오늘 할 일'을 달라는 것 아닌가 싶어요. 내일이 아니라 오늘 일할 것. '대안'이라고 하면 벌써 우리가 알지도 못하는 미래로 달려가잖아요. 무슨 일이 일어날지, 어떤 변수가 있을지 모르고, 알고 싶어도 보이지 않잖아요. 그런데 당장 내 눈앞에 있는 일, 학교에서 집에서 상처받은 이 아이를 어떡할 거냐 묻는다면 답이 나오죠. 별거 없어요, 감싸주고 친해지고 그 아이들 말에 귀 기울여주고, 그렇게 할 일이 생기는 거죠. 교회에 대한 대안을 모색한다면 그건 그리스도께서 하시는 거지, 내가 할 일은 아닌 거죠.

김 하느님께서 다 하시니 그분께 맡기고, 나는 눈에 보이는 것, 당장 할 수 있는 것을 하자, 이렇게 말씀하시면 할 말이 없어지는데요. 그런데 초점을 목사님의 말씀이 아니라 제게로 돌리면 여전히 그 말씀이 막막해요. 조바심에 전전긍긍했던 제 이십대가 여전히 눈에 선하거든요. 물론 지금도 마찬가지지만 교육이라는 장에서 물러서있기에 못 느낄 뿐이죠. 돌아보면 지금이 그때와 얼마나 달라졌는지 잘 모르겠어요. 공자께서 오십대를 '지천명知天命'이라고, 하늘의 명을 깨닫게 된다고 하셨잖아요. 근데 저는 그 시기도 끝나 '이순耳順'에 들어서는데도, 허겁지겁 좌충우돌하던 청년의 시간에서 그리 벗어나지 못했거든요.

'그분께 맡긴다'는 말은 너무나 멋지고 설레는 표현이에요. 그 말을 뒷받침할 신학적 서사를 온종일 읊고, 성서를 끌어들여 잘난 체할 수도 있지만, 여전히 그 말은 제게 삶이 아니라 이데아idea 같아요. 저는 매순간 더 나은 선택이 무엇인지 지력과 경험을 총동원해 최대한 치밀하게 계산한 뒤 말하고 행동해요. 그분께 맡기고 나는 당장 눈앞의 일을 하겠다고 말하는 순간에도 끊임없이 계산하고 있어요. 내가 보는 것이 속임수는 아닌가, 내 눈을 가리는 사탄의 흉계가 있진 않나, 그 사탄이 혹시 나 자신과 한몸은 아닌가, 이런 의혹에서 자유로울 수 없어요.

그런 의심과 조바심이 제게는 대안을 묻는 동기가 돼요. 물론 대안은 불완전하고 위험할 수도 있지만 그럼에도 불구하고 그렇게 살아갈 수 있다면, 그것이 바로 하느님의 뜻이고 위대함 그 자체일 거예요. 목사님은 이미 그렇게 사시는 분인가 싶기도 하지만, 저는 여전히 대안이 무엇인지 말하고 고민해야 하는 사람이에요.

이 저는 태도를 얘기하는 거예요. 아이들을 앞세워야 한다고 생각해요. 어른이 앞서고 아이들이 뒤따라오는 것이 아니라, 아이들을 앞세우고 어른이 뒤를 따라가야 제대로 된 자세라고 봐요. 옛날 시골에선 소를 키웠잖아요. 소가 장보러 갈 때는 신나서 간대요. 장봐서 싣고 돌아오니까 소가 앞장서서 신나게 걷는대요. 그런데 우시장으로 갈 때는 기막히게 안다는 거예요. 팔려

간다는 걸 어떻게 아는지, 소들이 안 가려고 한대요. 그러면 끌고 가야 하는데, 이게 엄청 힘든 거예요.

교육이라는 게, 어른들이 아이들을 끌고 가려는 거예요. 아이는 싫은데, 어른은 끌고 가려니 피차 얼마나 힘들겠어요. 어른들이 이렇게 뒤로 좀 와서 아이들이 찾아가는 걸 도와주면 되잖아요. 좀 잘못되어도 괜찮아요. 미리 잘못되지 않게 간섭하려다 보니 문제가 많아지는 거예요. 사람은 실수하면서 크잖아요. 잘못해도 좀 봐주고, 뒤에서 보호도 좀 해주고, 어디 빠져있으면 좀 건져주고, 그런 기본자세가 교육에 좀 있어야 하지 않나, 이게 거꾸로 돼서 교육에 문제가 많아지지 않았나 생각합니다.

김 태도라고 말씀하신 것에 동의합니다. 여전히 대안에 대한 고민은 중요하다고 생각해요. 목사님의 말씀을 제 식으로 요약하자면 주님께 맡긴다는 것은, 대안을 향한 나의 계산법을 최대화하는 것이 아니라 나와 함께 하는 아이들에게서 하느님을 보라는 말씀인 것 같습니다.

이 아이들을 어른들이 생각하는 모양대로 만들고, 규격화하려는 것은 자연의 흐름을 역행하는 일이라고 봐요. 칼릴 지브란Kahlil Gibran인가, 자식과 부모의 관계를 활과 화살로 비유했잖아요. 활은 뒤에 있고 화살은 날아가는 건데, 이게 거꾸로 돼서 부모가 생각하는 모양대로 아이들을 만들려고 해요. 그건 잘못이라고 봐요. 아이들도 생각할 수 있는데, 아이들한테 생각해볼 기회를 안줘요. 답을 주고 잘 외우면 상주고, 말 안 들으면 퇴학당하고, 이게 뭔가 근본적으로 잘못된 거예요.

김 어른들이 그리고 싶어 하는 아이들의 모습은 어떤 걸까요?

이 저는 늙은이들도 꿈을 꾼다고 봐요. 비전vision이라고 하죠. 언젠가 졸업식날 아이들에게 그런 얘기를 했어요. 나는 전쟁통에 나고 자라 젊은 시절은 민주화니 뭐니 데모를 했고 평생 투쟁하며 살았는데, 이제는 싸움이 신물나서 어떤 이유로든 인간을 상대로 전쟁하거나 싸우지 않겠다고요. 그리고 내 꿈은 싸우고 싶어도 싸울 수 없는 세상이 오는 거라고, 너희들에게서 그런 세상을 볼 수 있을 것 같다고 말했어요.

일부러 그렇게 보려고 해서 그런지는 몰라도, 저는 실제로 아이들에게서 그런 모습을 봐요. 제가 자랄 때와는 전혀 달라요. 이 학교가 마음에 드는 건, 학부모도 같이 배워야 한다는 거예요. 교사, 학부모, 아이들이 전부 같이 배운다는 생각을 갖고 있어서 좋아요. 아이들은 쉽게 쉽게 배우는데, 어른들은 생각이 굳어져 잘 안되기는 하죠. 여기서는 선생들이 아이들에게 답을 주지 않아요. 계속 너희 생각은 어떠냐고 묻죠. 그러면 아이들이 서로 의논하면서 나아가요. 저는 이런 아이들, 어른들 말 잘 안 듣는 아이들에게 희망이 있다고 봐요. ㅎㅎㅎ

김 〈클래스(The Class)〉라는 프랑스 영화가 있어요. 프랑스어 원제는 '엉트르 레 뮈르Entre les murs', '벽과 벽 사이'라는 뜻일 거예요. 파리 빈민가의 중학교 교실이 무대고, 그 학교의 학생과 부모가 배우로 출연해요. 감독이자 교사역의 배우는 실제 교사고요. 이 영화는 리얼리티에 장점이 있지만 기승전결도 없이, 끝없는 사건사고만 일어나요. 그들이 겪는 사건사고는 전형적인 빈민지역 청소녀, 청소년의 일상이고요. 프랑스 사회의 벽, 그 뒤로 가려진 이들의 모습이죠. 빈민 청소녀, 청소년도 무수한 벽들로 뒤엉켜 있는데 그들은 부모나 지역사회, 학교, 또 그들 서로조차 평탄하게 연결된 아이들이 아니에요. 그냥 벽들로 갈라진 일상 속에 살고 있죠. 영화는 주로 수업 풍경을 보여주는데, 그 벽들을 아주 여실히 볼 수 있어요. 프랑스어 수업, 그러니까 그들의 국어 수업인데, 거의 진도를 나갈 수가 없어요. 교사는 뭔가를 가르치려 하지만 학생들은 끊임없이 수업의 질서와 흐름을 깨뜨리고, 그게 시종일관 계속되죠.

도대체 이런 데서 무얼 배우겠나, 학생들이 모국어를 제대로 구사할 수나 있을까, 결국 빈민의 삶을 벗어나지 못한 채 어른이 되고 노년이 되지 않을까 싶었어요. 영화는 그렇게 허망하게 끝났는데, 엔딩에서 자막 하나가 떠요. '교육이란 이런 것이고, 학생들은 이렇게 프랑스의 시민이 된다.'

민주주의란 이런 것이구나. 어지럽고 무질서한 것을 교정하는 것이, 그 벽을 없애는 것이 아니라 그 자체를 서로 받아들이는 것이구나. 교육은 바로 그것을 목표로 하는 것이라는 생각을 하게 되었어요. 목사님께서 싸우지 않겠다고 하신 말씀도 어쩌면 비슷한 맥락이라고 볼 수 있을까요?

이 대개 싸움은 내가 이기든 네가 이기든 누군가 이겨야 하잖아요. 무슨 이데올로기가 그리 귀해 사람을 죽입니까. 이데올로기란 그냥 생각 아닌가요? 인간의 생각이 인간보다 중요한가요? 생각이라는 게 사실 터무니없는 거예요. 어떤 생각이든 자기 생각이죠.

김 사람들이 이런저런 일로 힘들 때 그걸 분노로 변환하는 기제가 있는데, 간혹 이데올로기가 그 역할을 하는 것 같아요. 분노하고, 누군가를 공격해야만 내 고통이 해소될 것 같다는 이야기가 만연한 거죠. 그러니까 이데올로기는 단순한 생각이나 의견 같은 것뿐만 아니라 사람들의 해소되지 않은 욕구를 마치 공적이고 미래의 위대한 기획인 것처럼 정당화하는 장치이기도 한 것 같아요. 그래서 이데올로기 때문에 누군가를 파괴하고 죽이는 일도 가능해지는 거죠.

이 이데올로기는 하나의 예고, 돈 같은 것도 있잖아요. 돈이 뭔데 사람을 죽입니까. 이를테면 교육이 그런 것을 조장한단 말이에요. 무슨 교육이 자기 감정에 부림받는 것을 정당화합니까. 며칠 전에 아이 하나가 제게 질문을 했어요. "제 감정에 조종당하고 싶지 않습니다. 어떻게 하면 좋을까요?" 자기가 감정에 놀아나는 것 같은데, 어찌해보려고 해도 잘 안된다고, 어떻게 하면 내 감정의 노예가 되지 않을 수 있는가 묻는 거죠. 이런 질문을 하다니 깜짝 놀랐어요. "와, 너는 부처가 되고 싶다는 얘기구나?" 했어요. 사람에게 감정이 없을 수는 없겠지만, 여기에 놀아난다는 건 교육이 잘못된 거예요. 그런데 교육이 감정을 부추기잖아요. 그것으로 사람을 죽이는 게 정당하다고 가르친단 말이죠. 그게 무슨 교육이에요? 저는 그렇게 배우고 자랐지만, 그건 아니죠.

김 그런 이데올로기나 주입식 교육의 공통점은 무언가를 알고 있다는 전제, 그 앎을 사람들과 공유해야 한다는 전제, 근데 그걸 방해하는 존재가 있다는 전제 같은 것이 얽혀 있잖아요.

이 제가 볼 때 그것은 나쁜 마음이라기보다 무지無知예요. 자기 딴에 뭔가 의미 있는 일을 하려다 보니 그래요. 전두환도 딴에는 뭔가 잘해보겠다는 확신을 가지고 한 건데, 그게 무지예요. 몰라서 그래요. 그 무지를 깨치는 게 교육인데.

김 목사님께서 비판하시는 교육은 학생들을 백지라 가정하고, 거기다 어른들이 원하는 밑그림을 그리고, 아이들에겐 색만 칠하라고 하는 교육이잖아요. 형상은 이미 만들어 놓고요.

이 색칠하기.

김 한번은 교회에서 하느님을 그려보라고 했더니 아이들이 하나같이 하얀 머리에 수염 난 할아버지를 그렸어요. 그런데 어떤 아이가 '천년 묵은 괴물 예수'라는 제목으로 기괴한 형상을 그렸다가 야단을 맞았죠. 다른 아이들은 어른들이 원하는 정형적인 이미지에 자기를 맞춘 거고요. 그런데 그 아이는 교회에서 제일 말썽꾸러기에 집안 형편도 어려운 아이였어요. 교회의 질서 속에 못 들어오는 아이가 어떤 반항심을 표현한 것 같은데, 어른들에게는 모범답안이 아니었던 거죠.

교육이라는 게 백지 상태인 아이들에게 진리를 채워 넣는다는 전제가 있는 것 같거든요. 이데올로기로 다투고 죽이고 목숨을 거는 정서 속에는 진리를 사람들에게 채워 넣는다는 전제가 있잖아요. 집이나 학교나 TV에서도 진리를 채워 넣는 메커니즘이 있고요. 그게 일반적으로 생각하는 넓은 의미의 교육이고 학교는 좁은 의미의 교육 장치일 텐데, 그 안에서도 진리는 경직된 게 아니라 융통성이 있잖아요. 밑그림은 그려주지만 어떤 색을 칠할지는 학생들에게 맡겨주니까 다양성이 있다고 착각하게 되죠. 밑그림을 건드리지만 않으면 되는 거예요. 우리는 그런 질서가 몸에 배어, 그런 사고방식이 교과서나 원칙 같은 데 스며 있

는 것 같아요. 여기에 진리가 있으니 바깥은 보지 말고 이 안에서만 열심히 하라는 거잖아요. 목사님은 교과서도 따로 없으신 것 같은데, 어떻게 수업을 하세요?

이 제 수업에는 교과서가 따로 없어요. 글쎄요, 저는 왜 하느님이 아브라함 보고 정든 고향, 안정된 곳을 떠나라고, 목적지도 일러주지 않고 일단 떠나라고 하셨을까 생각해봐요. 사람 살아가는 일이 그런 것 아닌가, 매일 같이 떠나는 것 아닌가. 지금 알고 있는 것이지만 여기에 머무를 수는 없고, 무언가를 향해 떠나는데 그게 무엇인지는 몰라요. 알던 것에서 모르던 것으로, 그저 떠날 뿐이죠.

우리나라 학교 교육이 아까 말씀하셨듯이 어떤 틀에다 인간을 집어넣는 일 같은데, 그건 좀 아니지 않나. 아이들을 그렇게 전사戰士로 기른다는 것도 좀 아니지 않나. 사랑하는 사람으로 길러야지, 어떻게 싸우는 사람으로 기른다는 말인가. 싸우다가 죽으면 위인偉人이 되고, 안 싸우겠다고 죽임 당한 사람 이야기는 아무리 둘러봐도 세상에 없단 말이죠. 어딘가에는 그런 사람들이 있을 텐데. 군대 안 가겠다고 벌 받는 사람들처럼 말이죠. 제가 중학생 때 선생님이 친구랑 서로 뺨 때리는 벌을 주었는데, 그때 하라는 대로 하지 않고 선생한테 실컷 맞았더라면 지금까지 평생 후회하지는 않았을 거예요. 결국 그 친구랑 사이도 나빠져 버리고, 세상에 그런 교육이 어디 있냐는 말이죠.

이건 한 개인의 잘못이라기보다 교육 전체가 인간을 잘못된 방향으로 만들어가고 있는 건데, 이건 아니죠. 그렇다면 어떡할 거냐, 그건 아직 모르겠으니 비틀비틀 이것도 해보고 저것도 해보는 거예요. 사실 미래는 잘 안 보여요. 다만 희망사항은 있어요. 싸울 수 없는 세상! 왜 못 싸우느냐. 저 사람이 내 동생인데 어떻게 죽이겠어요. 별 거 아니에요. 나랑 생각은 다르지만 저 사람이 없어지면 나도 없어지고, 저 사람 망하면 나도 망한다는 걸 상식적으로 아는 거예요. 개념이 아니라 현실이라는 것을 실험해보면서 알게 되는 거죠. 내 나쁜 생각이 사람을 구체적으로 얼마나 해치는지 배우고, 아이들 스스로 자기 생각을 살펴보는 거예요.

아까 질문한 녀석도 그런 거예요. 자기 감정에 놀아나보니 나쁘단 말이죠. 감정이 나서 때렸지만, 결과적으로 나도 나쁘고 쟤도 나쁘니 어떻게 할까를 묻는 거예요. 그걸 같이 고민하는 거죠. 이런 식으로 교육은 자연발생적으로 이루어지는 거고, 전체적인 그림은 아브라함이 하느님한테 다 맡기고 떠났듯이 그분이 인도하시는 데로 가자는 마음을 품는 거죠. 교사들이 '나는 알고 너는 모르니 내가 너에게 가르쳐주겠다'는 생각이 아니라, '너도 모르고 나도 몰라, 그러니 같이 앞으로 나아가보자' 하는 거예요. 이것이 틀렸다는 것은 너도 알고 나도 아니까 되풀이하지 말자, 그러나 무엇을 할 것인지는 너도 모르고 나도 모르니 한번 찾아보자, 이런 마음으로요. 이 학교에서는 그런 면이 조금 보이는 거예요. 비단 이 학교뿐이겠습니까. 전 세계에서 이렇게 묘한, 숨어있는 교육운동이 일어나고 있다고 봐요.

김 어떤 강사가 SNS에다 자기 생각의 실험들을 학생들과 나누는 것을 올리고 있어요. 저도 많이 배우고 있는데, 그 수업에서는 학생들에게 주제를 주고 글을 써오라고 한대요. 학생들이 써온 글 중에 몇 개를 뽑아서 다 같이 읽고 그 글에 대해 토론하는 거예요. 이 수업의 교과서는 학생들이 써온 과제물이더라고요.

이 멋있네요. 곳곳에서 그런 일이 벌어지고 있어요.

김 제가 십년쯤 전에 독일 여행을 할 때, 한 유학생에게 가이드를 부탁했어요. 그런데 이 친구는 다니는 내내 컴퓨터로 학교 과제를 했어요. 미술사 전공이었는데, 과제 내용이 아주 복잡했어요. 1492년 콜럼버스가 아메리카 대륙을 발견한 해에 알렉산드르 6세가 교황이 되었어요. 그때까지 평평하다고 생각한 바다 끝까지 항해해서 새로운 세계를 찾아냈고, 새로운 문화와 발견이 이뤄지고, 활판 인쇄술도 발명되고, 얼마 후엔 종교개혁도 일어나요. 르네상스라는 그 격변기에 알렉산드르 6세가 교황이 되었는데, 보통 교황이 즉위할 때 교황청에 일곱 개의 그림을 붙인대요. 예컨대 교황청에서 정한 과학, 철학, 역사, 문학 등의 일곱 가지 학문이 그 시대와 세계 질서를 분류하는 기준이었던 거예요.

교수가 내준 과제는 그 일곱 개의 그림을 찾아서 비평해오라는 거였어요. 그런데 제가 놀랐던 건 교수도 그 그림들이 어떤 건지 몰랐다는 사실이에요. 자기도 잘 모르는 걸, 단지 문헌에서 본 것을 학생에게 찾아오라는 거였어요. 당연히 학생은 숙제에 도움 받을 참고문헌도, 선행연구도 없는 과제를 수행해야 했어요. 놀랍게도 이 친구는 결국 일곱 개의 그림을 다 찾았고, 어떤 참고자료도 없이 그 그림에 대한 비평을 했어요.

저는 여행 내내 이 친구가 숙제하는 모습이 여행 자체보다 더 재미있었어요. 독일의 학생들은 무언가를 알기 위해 텍스트를 보는 게 아니라, 자기가 텍스트를 만드는 거였어요. 스스로 생각하는 거죠.

그 학생은 대학교 3학년쯤의 과목을 수강한 건데, 한국에서는 박사과정 학생들에게 이 과제를 주어도 못했을 거예요. 학생의 능력이 부족해서가 아니라, 우리나라 학생들은 참고자료가 있어야 텍스트를 해석할 수 있다고 배우기 때문이죠. 극단적으로 말하면 참고자료 없이는 해석해야 할 텍스트도 없어요. 우리는 과제를 받으면 도서관에 가서 책을 뒤져보잖아요. 그러면서 책속에 세상이 있고, 책에 없으면 그 세상은 존재하지 않는다는 착시에 빠지는 거예요. 독일의 문예이론가 한스 블루멘베르크 Hans Blumenberg는 서양의 근대 사상이 '책이라는 은유'에 휘말려 있다고 했어요. 그 말은 책 바깥에는 세상이 없다는 강박을 뜻해요. 세상을 알려고 책을 보지만, 결국 책이 세상이라고 오인한다는 거죠.

말하자면 그런 게 일종의 교과서 사고방식인데, 더구나 우리는 지식의 식민지다보니 책들이 대부분 우리 사회가 아니라 서양 사회를 연구하면서 도출해낸 이론들로 가득해요. 우리는 서양의 책을 보고, 서양 사람들이 글로 쓴 것을 진리로 받아들이고, 그 진리에 따라 만든 이데올로기에 목숨을 걸기도 하죠. 그래서 종교의 이름으로 죽이고, 이념의 이름으로 세상을 파괴하고, 전쟁을 일으키기도 하죠. 저는 교과서에 그런 문제가 있다고 봐요. 그런 교과서에 종속되는 심성을 만들어내는 곳이 학교잖아요. 목사님이 교과서 없는 교육을 하신다니 그 생각이 났어요.

이 저는 교과서도 필요하다고 봐요. 그런데 교과서가 견고한 틀이
  돼서 그 안에 사람을 가둬놓는 게 문제라고 생각해요. 교회나
  종교도 마찬가지예요. 필요해요. 그건 하나의 틀, 프레임frame이
  거든요. 프레임은 단단해야 해요. 달걀껍질이 단단해야 그 안에
  생명이 살아있을 수 있죠. 그러나 그 틀은 영구불변한 것이 아
  니라 언젠가는 깨지려고 있는 거예요. 깨지지 않으면 달걀껍질
  은 의미가 없어요. 껍질은 깨지라고 있는 거니까요.

  교회도 그렇고 교과서도 그렇고, 때가 되면 여기서 벗어나야 해
  요. 그럴 수 있을 때까지는 그 틀 안에 머물러야 하고요. 기독교
  신자는 더 이상 기독교 신자라는 타이틀이 필요 없어질 때까지
  성숙해야 해요. 그건 교회 안에서 해야 하는 일인데, 어느 날 이
  것이 나를 가두는 틀로 바뀔 것 같을 때 처음부터 알아두면 좋
  은 이야기가 있다는 거죠. '너와 내가 이야기하는 것은 하나의
  틀이고, 우리가 이 틀 안에서 최대한 성숙하면 언젠가는 이 틀
  을 벗어날 수 있다. 지금은 이 교과서를 배우지만, 이것이 진실
  의 전부가 아니라는 것을 알았으면 좋겠다.' 이런 이야기를 미리
  해주는 것과, '이게 다야. 이것이 아니라면 이단異端이야. 이 교
  회 아니면 안돼.' 하고 굳어져버리는 것은 달라요. 그러면 새것이
  와도 못 받아들이고, 안 받아들여져요. 종교교육이든 일반교육
  이든 마찬가지죠.

김 제가 교과서의 위험성을 지적했지만 교과서가 없어져야 한다는

주장은 아니에요. 교과서의 위험을 인지하면서 다른 교과서를 만들거나 없애려는 시도도 해보는 거죠. '다른 교과서'라는 건 앞서 제가 말한 '대안'에 관한 주장과 관련 있을 것 같아요. 교과서 없는 수업은 대안에 기반을 두기보다는 목사님 말씀처럼 하느님께 맡긴다는 태도로 진행하는 수업 아닐까요. 아마도 관계를 통해 서로 배운다는 거, 교사나 학생 구별 없이 모두가 배우는 사람으로 관계를 맺으면서 깨달음이 일어난다는 거요. 그런 뜻에서 교과서에 매이지 않아야 한다고 말씀드리면서 목사님의 교과서 없는 수업에 대해 여쭤보았던 거예요.

저는 지방의 한 대학에서 인권 수업을 맡고 있는데, 이 수업도 교과서 없이 진행하고 있어요. 다만 수업마다 참고자료를 영상으로 보여주고 학생들에게 글을 쓰라고 해요. 그걸로 출석처리와 참여점수를 주거든요. 온라인 수업이에요. 시험도 교과서로 제시한 책을 요약하거나 그 책을 토대로 답하는 게 아니라, 인권 관련 실제 사건을 조사해서 발표하는 방식이에요.

교과서가 없다는 점에서는 목사님과 방식은 비슷한데, 그럼에도 차이가 있어요. 제 생각에 목사님의 수업은, 하느님의 명에 따라 목적지 없이 유랑할 뿐이라는 말씀처럼, 그때그때 서로 형성되는 관계를 통해 일어나는 우발성에 초점이 있는 것 같고, 저의 방식은 좀더 저의 계산법에 의존하고 있어요. 기본적인 수업의 골격은 제가 짜지만, 학생들이 새로운 것을 제안하면 수업 주제가 재구성되기도 해요. 다양한 인권항목에 따른 영상을 보여주면 학생들은 짧은 글을 써서 내는데, 때로 어떤 아이들은 굉장히 긴 글을 보내오기도 해요. 제가 연구서, 소설, 영화들을 통해 수업을 진행하면 학생들이 스스로 웹툰이나 컴퓨터 게임을 가지고 얘기를 이어나가거나 자신의 경험을 통해 이야기하기도 해요. 편의점에서 일하면서 만난 사람과 나눈 이야기도 있고요.

저는 주로 학문자료나 영화나 소설을 소개하다보니 아무래도 그 수업을 진행하는 제가 소개하는 것들은 어떤 권위를 갖게 되죠. 그런데 학생들이 써낸 글에 활용된 텍스트는 권위 있는 자료가 되기 어렵죠. 사적인 이야기들이 주장의 근거가 되기도 하니까요. 그런데 이렇게 텍스트의 권위를 열어두니까 놀랍게도 그런 형식의 변화가 내용에도 영향을 미쳐요. 새롭고 참신한 이야기들이 자주 등장해요.

제한적인 경험이지만 교과서 없는, 하지만 대안을 상상해본 이른바 '대안적 교과서'를 통한 수업도 나름 재밌는 결과가 있었다는 거죠. 목사님께서 아이들을 통해 부처와 메시아를 보신 것처럼, 저도 이 수업을 통해 선생과 학생의 경계가 흐트러지면서 서로 배우는 경험을 하고 있거든요.

이 그런 의미에서 학생과 선생이 서로 돕는 거죠. 그 과정을 통해 선생도 배우게 되죠. 사실 같이 배워야 해요. 언젠가 제 장조카가 고등학교 선생이 되었다고 왔기에 축하해주면서 물었어요. "내가 겪어보니 졸업한 뒤에도 찾아보고 싶은 선생이 있고, 영

다시 보고 싶지 않은 선생이 있더라. 너는 어떤 선생이 되고 싶으냐? 학생이 졸업한 뒤에도 언제든 찾아와서 무엇이든 의논할 수 있는 선생이 되면 좋겠지?" 하고 물었더니 그렇대요. 그런 선생이 될 방법을 알려줄 테니 그렇게 한번 해보겠냐 물었더니 그러겠대요. "네가 하루 동안 교육에 쓸 수 있는 시간이 열 시간이면, 아이들 가르치는 데 네 시간 쓰고 너 공부하는 데 여섯 시간 써. 그러면 아이들이 저절로 너를 그렇게 생각할 거야."

사실은 선생들이 배울 게 더 많고, 공부할 게 더 많아요. 아이들보다 책도 많이 보고, 고민도 많이 하고, 모르는 것도 더 많아야 해요. 그래야 선생과 제자의 관계가 제대로 이루어질 거라 생각해요. 오죽하면 공자도 '나는 학인이다, 배우는 사람이다.' 하고 말했잖아요. 선생들의 기본자세가 '나는 여기 배우러 왔다. 너희들 통해서 배우겠다. 너희들이 내 선생이다.' 이렇다면 저절로 풍토가 좀 달라지지 않을까요. 수업 방식도 '이게 답이야' 하고 기성품을 제시해주는 게 아니라, 아이들 스스로 찾아보게 하고요. 앞으로 그렇게 교육이 발전하기를 바라요. 이미 그런 씨앗을 가진 아이들이 자라나고 있어요. 그 싹을 자르지 않고 격려만 해줘도 저는 그런 세상이 열린다고 봐요. 전쟁을 하려고 해도 전쟁에 안 나간다는 사람이 더 많아지면 전쟁 못하는 거죠.

김 여기 학교 학생 중에 컴퓨터 게임을 하는 아이들도 있나요? 뭔가 좀 다른가요?

이 글쎄요, 뭐가 다른지는 잘 모르겠어요. 제가 보니 컴퓨터 게임
    이 죄다 무기 잔뜩 만들어가지고 싸우는 거더라고요. 졸업생
    중에 스스로 게임 중독이라고 생각하던 아이가 하나 있었는
    데, 하루는 저를 찾아왔어요. "게임을 하지 말라고는 하지 않
    겠다. 그건 소용없으니까. 다만 게임이 재미있어서 계속 하다보
    면 모르는 새 네 안에 죽이고 부수는 게 계속 쌓일 텐데, 그게
    너한테 나쁘다는 건 알고 있냐?" 물으니 알고 있는데도 하게 된
    다는 거예요. 습관이 된 거죠. 그런 문제를 스스로 아이들이 의
    식하게 되는 것이 싹이에요. 그때 조금만 도와주면 돼요. "그래,
    컴퓨터 게임보다 네가 중요해. 그러면 컴퓨터가 너를 컨트롤하
    는 게 아니라 네가 컴퓨터를 컨트롤해야 돼. 방법은 간단해. 오

늘 컴퓨터 게임 2시간 하겠다 마음먹으면 알람을 켜놔. 그리고 신나게 게임해. 2시간 뒤에 알람이 울리면 두말할 것 없이, 결과에 상관없이 바로 컴퓨터를 닫아. 그게 네가 컴퓨터를 이기는 방법이야. 한번 해볼 수 있겠냐?" 그러니까 한번 해보겠대요. 그 애가 지금은 고3이 됐고 요즘도 가끔 학교에 와요. 녀석한테 요즘 어떠냐고 물었더니 이제 게임을 완전히 끊었대요. 그렇게 해봤더니 점점 하고 싶은 마음이 사라졌대요. 얼마 안되는 그 기간 동안에 달라진 거예요. 사람은 달라져요.

아마 대부분은 그러지 않을 거예요. 그래서 갈 데까지 가고 망가져요. 그렇게 죽어가는 아이들 있어요. 게임하다가 젖먹이를 죽이는 일도 있잖아요. 게임하는 아이들한테 물어보면 초등학교 2학년, 3학년 때부터 시작해요. 보통 게임 중독은 집에 가도 아무도 없으니까, 엄마아빠 다 돈 벌러 나가고 할 게 없으니까 시작돼요. 애들은 당한 거예요. 학살당한 거나 마찬가지죠. 그런 아이들이 많아요. 그중 몇 녀석이 살아남는 거고요.

김 게임이라는 게 컴퓨터와의 놀이잖아요. 그 안에 어떤 문제점도 있는데, 한편으론 이 세계의 질서가 컴퓨터와 함께잖아요. 저만 해도 컴퓨터 없이는 글도 쓸 수 없거든요. 아이들은 게임에 익숙해졌는데 그 게임에도 AI가 끼어들었어요.

인권 수업 첫 시간에 인권의 역사를 설명하던 중이었어요. 프랑스혁명 이후 인권이라는 용어가 쓰였을 때는 '국가로부터 존엄

할 권리'를 뜻했지만, 사회가 변화하면서 처음에는 시민권 개념에 한정되었던 인권이 민중, 여성, 난민, 어린이, 인종 등의 개념으로 확장되다가 최근에는 동물권, 생태권, 존재권으로까지 발전했다는 얘기를 했어요. 그랬더니 어느 학생이 AI도 인권 개념에 들어와야 하지 않느냐 물었어요. 그 전까지 수업에서 그 주제를 다루지는 않았는데, 그 학생의 질문 덕에 'AI와 인권'을 소제목으로 정했죠.

저는 매 수업 그 분야의 관계자를 초대해서 대화하는 방식으로 수업을 진행해왔어요. 'AI와 인권' 수업에는 누굴 초대할까 고민하다가 인터넷게임 미디어 기자 한 사람이 퍼뜩 떠올랐어요. 10년 넘게 이 분야에서 기자로 일했고, 청소년 시절 거의 중독자라고 할 만큼 게임에 미쳐봤고, 지금도 안 해본 게임이 없을 정도로 게임을 해보고 소개하는 일을 하고 있어요.

그 친구와 대담을 하면서 저도 AI 얘기를 꺼낸 학생의 마음을 조금 공감할 수 있었어요. 목사님께서 컴퓨터 게임이 온갖 무기로 적과 싸우는 것이라고 하셨는데, 제 생각도 크게 다르지 않았어요. 대부분의 청소년들이 하는 게임은 싸움이나 전쟁에 관련된 것이겠지요. 그런데 게임 미디어 기자와 대화해보니 막상 게임하는 사람들이 싸움과 살상만 익히는 것은 아니라는 거예요. 실제로 게임은 생각보다 탄탄한 이야기 구조를 갖추고 있어요. 어쩌면 드라마보다 더 수준 높다고 할 만한 것들이 많아요. 게임 유저들이 각자 그 이야기를 끊임없이 만들어가거든요. 그러니까 게임의 이야기 구조는 열려있어요.

사실 처음에 컴퓨터 게임에 심취한 학생이 AI와 인권을 다루자고 제안했을 때, 저는 그 주제를 지적인 유희의 대상 정도로 생각했어요. 하지만 반려동물과 함께 사는 사람이 반려동물을 가족 구성원으로 받아들이듯이, 그 학생은 AI를 아주 가까운 친구나 가족, 더 나아가 자기 자신의 일부로까지 받아들였다는 사실을 알게 되었어요. 그러니까 게임을 통해 컴퓨터가 만들어낸 새로운 세계로 초대받은 사람들 중 일부는 새로운 성찰도 하게 되고 함께 살아야 할 이웃을 발견하기도 하는 거예요.

이 맞아요, 그건 국경도 없잖아요. 저는 컴퓨터야말로 하느님이 주신 선물이라고 생각해요. 이것이 새로운 세상을 열어가는 데 몹시 소중한 바탕이라고 봐요. 옛날에는 호랑이한테 물려가도 정신만 차리면 산다고 했는데, 요즘은 컴퓨터를 해도 정신만 차리면 산다고 생각해요. ㅎㅎ 그래도 사람이 먼저이자 나중이라는 것만은 양보 못한다고 봐요. 컴퓨터를 즐기고 쓰되 거기에 끌려 다니지만 않으면 돼요. 물론 세상 모든 것처럼 빛이 있으면 어둠이 있는 거니까 부작용도 있겠지만, 그럼에도 컴퓨터를 적극적으로 잘 활용하는 것이 아이들에게 좋겠다고 생각해요.

김 그래서 저는 중독될 만큼 게임에 미쳐도 괜찮을 거라고 생각해요. 공부에 미치거나 운동에 미치는 게 나쁠 수도 있지만 좋을 수도 있잖아요. 게임을 통해서 우리가 상상하지 못한 놀라운 성찰이 일어날 수도 있으니까요.

이 그렇겠죠. 그것도 제가 잘 몰라서 그렇게 말한 거예요. 싸우는 게임도 괜찮아요. ㅎㅎ

김 다시 대안학교 얘기로 좀 돌아가면요. 목사님은 언제나 세상의 밝은 면을 보시지만 저는 현실의 암울함을 보는 게 몸에 배어 있어요. 세상에 대한 기대나 관계에 대한 기대도 없고, 종교의 이상적인 형태에 대한 바람도 없거든요. 이렇게 현실을 인정하고 그 안에 있는 어둠을 파헤치는 게 제 몸에 밴 습성이에요. 아까 말씀드린 게임신문 기자는 비인가 대안학교를 나온 청년이에요. 저는 이 청년을 열아홉 살 때부터 보아왔고, 어느덧 20년쯤 되었어요. 그 청년을 알기 몇 해 전에는 김대중 대통령이 당선됐고, 그를 알았을 즈음엔 노무현 대통령이 당선됐어요. 아시다시피 두 분 모두 고졸이었죠. 무수한 엘리트들이 군부독재에 타협하고 제대로 비판도 못하던 때, 두 분은 누구보다도 열렬히 지식을 습득했고 그것을 제대로 활용한 분들이었죠. 그래서 그 무렵엔 고등학교만 나와도 훌륭한 지식인이 될 수 있다는 생각이 널리 퍼졌고, 그런 이들을 '신지식인'이라고 불렀어요. 신자유주의 전도사 피터 드러커Peter Drucker는 신자유주의적인 새 질서에 부합하는 창발적인 지식인을 가리키는 말로 그 표현을

썼는데, 우리나라에서는 기성 교육체계와 다른 길을 선택한 사람들을 가리키는 말로도 쓰였어요.

그 청년은 아버지와 대화하면서 그 시대의 분위기를 감지했고, 기성 교육제도에 순응하지 않겠다고 마음먹었죠. 하지만 같이 대안학교를 졸업한 동기 대부분은 대학을 선택했고, 단 두 명만 새로운 길을 택했어요. 그는 매우 훌륭하게 성장했고, 그 모습이 인상 깊었던 방송PD 한 사람이 그 친구를 주인공으로 다큐멘터리를 제작하기도 했어요.

그리고 십여 년이 지난 뒤 인권 수업 때문에 그를 수소문해서 다시 만났어요. 많은 얘기를 나누다가 문득 대학에 안간 거 아직도 후회하지 않느냐고 물었더니 고맙게도 후회하지 않는다더군요. 불이익은 없었냐고 물었더니, 매 순간이 불이익인 것 같다고 했어요. 그렇게 억울한 경험을 많이 하고서도 후회하지 않는다고 말하는 게 대견하기도, 고맙기도 했어요. 그런데 그 친구의 말보다 더 인상 깊었던 것은 그 말을 하는 모습이었어요. 제가 알던 오래 전 그 청년은 신지식인의 삶을 구호처럼 얘기했는데 지금은 그리 힘차게 주장하지 않았어요. 수많은 상흔이 몸에 새겨진 채 막막한 미래를 살고 있는 청년은 담담하게 그냥 사는 것, 후회하지 않고 사는 것을 얘기하고 있었어요.

그 청년의 부모가 제 또래예요. 우리 세대가 청년이었을 땐 세상을 바꾸겠다는 꿈을 꾸며 열심히 세상과 맞싸웠어요. 그런데 세상은 달라지지 않았고, 우리가 조금씩 바뀌어갔죠. 심지어 최전선에서 이런 세계의 더 철저한 하수인이 되어 제 자식을 채찍질하고, 지금 이 세계의 중심이 돼있기도 해요. 젊었을 때의 생각은 남아있지만 현실에서의 태도는 달라진 거죠. 밖에 나가면 입바른 소리를 하지만, 집에 와서 자녀를 교육할 때는 사는 데 유리한 방식을 강요해요. 그건 일종의 학대죠. 그 사실을 알고 있지만 나 하나 안 그런다고 달라지는 건 없다고 생각하는 거예요. 현실 질서는 이렇게 작동하고, 거기에 저항하려다 풀죽은 듯한 청년을 보니 제가 부모라면 그가 후회하지 않는다고 해도 좀 미안할 것 같았어요. 목사님이 만나는 아이들은 그보다 훨씬 어린데, 그 아이들의 미래가 고민되지는 않으세요?

이 글쎄요, 저는 아이들에게 가끔 이런 이야기를 해요. "소풍날 갑자기 비가 온다면, 비는 네가 어떻게 할 수 없잖아. 그러면 비 오는데도 불구하고 소풍을 갈 것인가, 아니면 그냥 집에서 영화나 볼 것인가, 이것이 네가 결정해야 하는 거다. 비 오는 것으로 더 이상 신경 쓰지 마라, 그건 네가 어떻게 할 수 없는 거잖니." 제가 수업하러 학교에 가있으면 아이들이 수업 시간 됐다고 데리러 와요. 그러면 제가 일부러 "오늘은 할아버지 기분이 나빠서 수업 안 간다. 오늘은 수업 없어." 이렇게 말하고 가만히 앉아있어 봐요. 그러면 이 녀석이 처음엔 당황하다가 대번에 "할아버지 같이 가요!" 하고 졸라요. "졸라도 안 간다, 이 녀석아!" 하면서 버티고 있으면 잠깐 있다가 그냥 가요. 그래서 "너 어디

가?" 하고 물어보면 교실로 간대요. "뭐 할라고?" 하면 "할아
버지가 오늘 수업 안하신다고 애들한테 말해주려고요." 그러면
"됐어, 그렇게 해. 아주 잘했어." 하고 말해줘요. "네 힘으로는 할
아버지를 2층까지 못 데려가. 아, 이건 내 힘으로 할 수 없는 일
이구나 빨리 알아차리고 얼른 생각해봐. 여기서 내가 뭐 할 건
가, 내가 할 수 있는 일이 뭔가. 그러면 아이들한테 가서 전달해
야겠구나. 그걸로 네가 할 일은 끝이야. 넌 해방이야. 잘했어. 앞
으로 살아갈 때도 이런 일이 있을 거야. 세상은 네가 원하는 대
로 안 돌아갈 거야. 네가 원했던 전쟁 아니고, 네가 일으킨 문제
아니지만 그래도 그런 일이 와. 그 문제로 씨름하는 걸 관두는
거야. 다만 문제에 어떻게 응할 것인가, 어떻게 반응할 것인가,
이것은 네가 할 수 있고 네가 해야 해. 너 말고는 아무도 못해.
거기서 사람이 문명을 창조하는 거야. 옛날에 똑같이 하던 방식
으로는 창조가 안돼. 다른 방식으로 생각을 굴려봐." 이렇게 이
야기해요.

만약 아까 그 친구가 여전히 학력을 차별하는 세상에서 '차별하
라 그래! 나는 관계없어. 나는 차별 안 받을 거야.' 이렇게 말할
힘이 있다면 대학에 안 간 것을 후회하지 않을 거예요. 어려서
부터 그런 마음을 심어주는 게 중요해요. '세상에 문제를 해결
하러 왔다고 착각하지 마. 문제는 네가 죽을 때까지 있어. 그게
세상이야. 그 문제를 통해서 네가 얼마나 성숙하느냐, 네가 어떤
인간으로 살아가느냐, 그게 너의 숙제야. 문제 해결은 네 숙제가

아니야. 문제에 어떻게 반응하느냐가 네 숙제고, 그건 할 수 있어. 어른들이 시키는 대로 하지 말고 네 생각으로 한번 해봐.' 이렇게요. 아이들이 그렇게 자란다고 생각해보세요. 그런 학력 차별에 맞서서 '비난하려면 해. 나는 욕 안 먹어. 세상이 어떻게 돌아가도 나는 내 길을 갈 거야.' 이런 배짱이 예수가 말한 '나는 내 길을 간다'는 마음 아닌가 생각해요. 이런 생각을 아주 어릴 때부터 길러줄 필요가 있어요.

김   그 친구도 어렸을 때부터 학교에서 그런 말씀을 들었나봐요. 그래서 졸업할 때 동기들끼리 세상은 우리가 배운 것과 다르다는 걸 알지만, 그래도 견뎌내자고 굳게 다짐했대요. 하지만 학교를 떠나고 주변에 같은 생각을 가진 동료도 없다보니 하나둘 학벌 사회의 질서로 스며들게 되었대요. 그렇게 다시 입시 준비를 해서 대학에 들어갔고, 이어지는 스펙 경쟁에 여념이 없어졌겠죠. 그래도 이 친구는 20년 가까이 잘 버텼어요. 남들과 다르게 산다는 게 뿌듯하기도 했지만, 점점 즐거움과 보람은 사라지고 모멸감을 견뎌내며 버겁게 살아왔을 거예요. 미래도 막막했을 거고요. 가끔 학벌 없는 세상을 주장하는, 명문대 출신 어른들에게 이용당하며 상실감을 느끼기도 했던 것 같아요. 괜찮았냐는 제 질문에 그 친구는 낮은 목소리로 담담하게 '그냥 산다'고 답했는데, 체념과 달관이 뒤섞인 대답처럼 느껴졌어요.

이 그것도 하나의 소중한 경험인데요. 많은 사람들이 자기 스스로 고민하고 결정하기보다는 상황이 그렇게 됐다거나, 다른 사람 때문에 이렇게 됐다면서 핑계를 대요. 그러니까 무슨 일이 생기면 '나는 그런 적 없다'고, '내가 안 그랬다'고 하죠. 그 말이 맞아요. 사람들이 자기 몸을 자신이 아니라 엉뚱한 사람이 쓰도록 허락하는데, 그때 깨어있는 연습이 필요해요. 깨어있다는 게 얼마나 중요한지를, 깨어있지 않다면 죽은 거나 마찬가지라는 것을 알아야 해요. 이건 아주 기본이에요. '그러니까 남 탓할 것 없어. 네가 한 거야. 그래서 공자님이 위로 하늘을 원망하지 않고 아래로 사람을 탓하지 않는다고 말씀하신 거야. 남들이 시키는 대로 하지 말고, 네가 네 주인으로 살아.' 이런 얘기를 어릴 때부터 귀에 딱지가 앉도록, 듣거나 말거나 자꾸 해주는 거예요. 그럼 언젠가는 고민해보겠죠.

저는 수업 시간에 아이들이 질문하지 않으면 먼저 말을 하지 않아요. 처음에는 아이들이 질문하는 것 자체에 훈련이 안되어 있어서 좀 어렵죠. 근데 몇 번 해보면 금방 질문을 가지고 와요. 이런 식으로, 또 지금 선생님이 대학생들하고 수업하시는 방식 같은 것이 초등학교 때부터 보편화되면 좋겠어요.

김 저는 고등학교 때까지 운동하고 노느라 공부를 거의 안했어요. 고3 때 몇 달 공부해서 어찌 대학을 갔는데, 요즘 아이들은 초등학교 5학년 때부터 선행학습으로 중고등학교 수업을 미리 받는대요. 학교 수업보다 더 먼저 배우는 거예요. 학교 성적이 스펙이 되고, 성적 외에 또 다른 활동들을 갖춰야 명문대학에 갈 수 있다고 해서 아주 어릴 때부터 강도 높은 스펙 쌓기가 이루어져요. 그런데 대부분의 학생들에겐 그런 경쟁이 유리하지도 않고 쓸모도 없죠.

제가 만나는 지방 대학의 학생들은, 저희 세대가 학생이던 시절의 서울 명문대 학생들보다 결코 능력이 모자라지 않아요. 어려서부터 치열하게 해온 선행학습 때문일 수도 있고, 주변에 책이나 온라인 정보도 넘치니 더 지력이 높아졌을 수도 있어요.

그런데 자존감은 대체로 낮은 편이예요. 제 청년 시절보다 서열화가 훨씬 더 촘촘하게 작동하는 거죠. 제 대학동기 중에 소위 성공한 사람들은 성적이 좋았던 경우가 거의 없어요. 그때는 명문대 출신이거나 성적이 좋거나 스펙이 짱짱하거나 하지 않아도 자원 점유 경쟁에 뛰어들 여지가 많았던 거죠. 그런데 요즘 청년들은 그럴 가능성이 훨씬 적을 거예요. 애초부터 자원 점유 경쟁에서 배제될 정도로 서열화가 굉장히 촘촘해졌거든요.

저는 부모가 아니라서 실감이 안 나지만, 제 주변의 부모들은 자녀들을 학대라고 할 만큼 입시 경쟁에 몰두하게 만들었어요. 하지만 명문대에 가는 아이는 소수에 불과해요. 저와 만나는 지방 대학의 학생들은 그런 경쟁에서 좌절을 겪은 청년들이고요. 그들에게 저희 세대의 감각으로 '열심히 살면 기회가 있을 거야'라고 말하는 건 아무 감흥이 없어요. 그저 '당신들 시대는 단물

빨아먹던 시대 아니에요?'라고 항변하는 듯 싸늘한 눈빛을 보일 뿐이죠.

이 그래서 사람이 배운다는 게 참 중요한 것 같아요. 암만 봐도 그래요. 어렸을 때는 스스로 분간할 능력이 없어서 닥치는 대로 배워요. 자기가 무얼 배우는지도 모르면서 배우는 게 제일 큰 탈인데, 그러면서 병이 들어 소년기를 지났다고 합시다. 그래도 가능하다면 '이 현실에 계속 머물러있지 말고 길을 좀 찾아보자, 내가 할 수 있는 일이 무얼까?' 함께 고민하는 사람들이 하나 둘 늘어나길 바라요. 우리의 대화도 그런 의미에서 사람들이 같이 고민하는 계기가 되면 좋겠어요. 선생님도 저도 이 세상 문제를 해결하는 해결사도 아니고, 또 문제를 해결하러 온 것도 아니잖아요. 아까 말씀드린 것처럼 문제는 항상 있어요. 문제가 있어서 우리가 걸어가는 거죠. 그래서 잘 배우자는 이야기를 할 수밖에 없어요.

한번은 무위당 장일순 선생님께 여쭤봤어요. "노자도 예수도 사람인데, 어디서든 배우지 않았을까요? 그런데 문서를 보면 누구한테 배웠다는 얘기가 없는데, 이분들은 어디서 배웠을까요?" 그랬더니 무위당 선생님이 "자연한테서 배우지 않았겠나" 하셨어요. 동감이 됐어요. 노자도 예수도 자연을 예로 많이 드니까요. 노자는 특히나 자연을 최고의 스승으로 치는데, 왜 자연이 최고의 스승이냐고 여쭈었더니 단 일초도 생각하지 않고 말씀하시길 "자연은 가르치려고 하지 않잖아", 그게 무위당 선생의 답이었어요. 사람은 '내가 무언가를 아는데 그걸 너에게 가르쳐주겠다'고 한다면, 자연은 그런 게 없다는 거죠. 자연은 완벽한 하늘의 도를 따르기 때문에 완벽한 스승이라는 거예요. 자연을 보고 배울 수 있는 게 최고의 학문인데, 거기까지 가려면 사람 선생이라는 과정을 거쳐야 한다는 말이죠.

아이들한테도 '나도 모르니까 같이 배워보자. 사람으로 태어났으니 사람으로 사는 게 무얼까 함께 고민해보자.' 이렇게 이야기하는 것밖에 무엇을 더 할 수 있을까 싶어요.

김 지당하신 말씀이에요. 근데 제 느낌에는 좀 옛날 얘기 같아요. 어르신들의 시대에는 자연에서 배우고 자연의 이치를 일깨워주는 스승을 만나는 데 계층의 제한이 없었겠죠. 요즘은 특화된 귀족학교에서나 그런 수업이 가능해요. 수준 높은 선생님들과 지적인 토론이 가능한 학교가 있긴 하지만, 입학도 어렵고 비용도 상당해요. 좋은 학교들은 입시에 특화되었거나 소위 인성교육을 한다는 학교도 귀족화되어 있어요. 서민들은 공교육에 의존하거나, 재정구조가 열악한 대안학교를 통해 이런 학대 시스템에서 벗어날 틈을 찾아보지만, 그마저도 계급화되어있어요.

소위 '웰빙well-being'에도, 좋은 집은 고급 자재를 쓰니 서민들이 감당할 수 없는 비용이 들어요. 삶의 질을 높이려면 자산이 있어야 하고, 자산을 가지려면 이 세계의 질서에서 승리해야 한다는 악순환 가운데, 자녀들이 지옥 같은 학대구조에서 벗어나 도록 교육시키는 부모들도 소위 귀족층에서 나오는 거죠. 그렇지 않은 곳도 있어야 하는데 거기엔 또 재원이 필요하고, 국가 지원을 받으려면 뭔가 옵션을 달아야 하고, 그렇게 악순환이 되죠. 사람들 생각이 바뀌고 서로 배워가는 것도 필요하지만, 한 편에서는 그런 시스템을 어떻게 변화시킬까 하는 고민도 필요할 것 같거든요.

이 선생님 말씀처럼 그것도 우리 현실이에요. 비 오는 것이나 마찬가지로, 그걸 누가 막을 수 있겠어요. 이거야말로 저는 하늘이 하시는 일이란 생각이 들어요. 하늘이 경영하지 않으면 이렇게 걷잡을 수 없는 일은 오지 않는다고 봐요. 아이들이 학살당하는 가운데 그리스도가 태어나신 것처럼, 이런 와중에도 귀족학교 안가겠다, 그러나 입시 위주의 학교에도 안 가겠다, 이렇게 생각하는 사람들이 있어요.

후배 목사가 얼마 전에 아들을 데려왔어요. 이 아이가 초등학교 1학년 때인가 학교에 안 가겠다고 하길래, 그러면 가지마라 하고는 집에서 가르친 거예요. 요즘은 책이나 인터넷이나 배울 데가 많잖아요. 중학교, 고등학교 졸업 자격을 검정고시로 치르고 올해 방송통신대학인가 들어갔대요. 아버지가 목사니까 교회 친구들하고 놀면서 아주 건강하게 자랐어요. 방송통신대학에서 일본 고전문학 공부하는데 재밌냐고 물었더니 그렇대요. 그렇게 자라는 아이들이 있더라고요.

가능해요. 아무리 절망적인 상황이라도 거기에 구애받지 않고 자기 길을 찾아갈 수 있는 부모와 아이들이 있고, 그런 아이들이 점점 더 많이 드러나고 있어요. 부모들도 조금씩 깨어나고요. 그렇게 다른 길을 찾는 개인들이 있다고 봐요. 어차피 귀족학교는 있게 마련이고, 누군가는 귀족노릇 하겠죠. 하지만 저는 이런 사람들에게 힘을 실어주고 싶어요.

김 저는 관점이 좀 다른데요. 저는 역시 제도가 그 문제를 보완해주어야 한다는 바람이 있거든요. 현실에서 가능한 대안을 발견하고 제시해야 한다는 거죠.

동물을 좋아해서 대학이 아닌 관련 교육기관에 진학한 청년이 있어요. 부모는 처음에 심하게 반대했지만 나중엔 인정해줬죠. 등록금은 어렸을 때부터 세뱃돈 모아놓은 것으로 내고요. 또 다른 청년은 부모가 바라던 전문직 자격시험에 떨어진 후에 가출을 해서 좋아하는 바리스타 일을 하며 잘 살고 있어요. 그들은 이 모든 과정을 누구의 도움 없이 혼자 해내야 했어요.

요즘은 입시제도가 너무 복잡해서 학생 하나하나 진로를 전문적으로 설계해줘야 하는데, 담임선생님이 그것을 일일이 지도하기 어려운가 봐요. 그런 일은 주로 엄마가 해요. 학교 밖에서, 오로지 입시만 연구하는 전문가의 컨설팅을 받아서 자녀에게 맞춤 설계를 해주는 거죠.

그러니 오히려 학교 선생님들에겐 입시뿐만 아니라 삶을 지도할 수 있는 기회가 생기지 않을까 싶어요. 대학에 진학할 가능성이 없는 학생들이 삶을 설계하는 데 도움을 줄 수 있잖아요. 이미 여러 선생님이 그렇게 하신다는 소식이 들려오지만, 아직도 교사들은 입시가 아닌 일에 시간을 할애하기 어려운 상황이라서 적극적으로 도움을 주긴 어려운 것 같아요.

그래서 저는 교사들이 진학 전문가가 아닌, 진로 안내자 역할을 하도록 교육부나 교육청이 지원하는 제도를 만들면 좋겠다는 생각이 들었어요. 목사님 같은 분을 초대해서 강연도 듣고, 다양한 분야의 전문가들을 초대해서 학생들이 다양한 미래를 상상할 수 있도록 교사들에게 자율권을 주는 거죠. 비용은 국가가 지불하고요. 또, 학생들의 진로에 대한 정보를 교사들에게 주고, 연수를 통해서 그런 전문가가 되도록 지원하는 거죠. 공교육은 내용뿐만 아니라 이런 형식을 갖출 때 더 훌륭하게 수행되지 않을까요. 그러면서 공부는 대학만을 위한 것이 아니라 더 가치 있게 살아가기 위한 것임을 가르치면 좋겠다는 생각이 들었어요.

이 그런 고민하시는 분들이 뜻과 지혜를 모아서 작게라도 그런 제도는 하나 만들어야 해요. 그건 충분히 시도해볼 수 있고, 해야 한다고 봐요. 지금 예로 드신 학생들은 말하자면 이 시대의 주류가 아니라 변두리예요. 쫓겨나고 밀려난 아이들. 그 애들 가운데 계시啓示가 있거든요. 희망은 항상 변두리에 있어요. 중심은 마지막에 가 죽을 곳이죠. 예루살렘은 마지막에 가서 죽을 곳이지, 시작은 갈릴리에서 한단 말이죠.

지금도 변두리에서, 돈도 없고 아무것도 없어서 이 제도로부터 밀려난 아이들에게, 그 애들이 와서 숨 쉴 수 있는 학교나 제도가 있으면 얼마나 좋을까요. 저는 그런 데가 꼭 있어야 하고, 분명 이 시대에 그런 고민을 하는 분들이 있다고 봐요. 그런 분들이 단 몇이라도 모여서 뭔가 만들면 좋죠. 아마 그렇게 될 거예요. 그래서 그 그림이 점점 힘을 얻게 되면 자연스럽게 사람들 생각이 달라질 거예요. 큰 집에서 잘 먹고 잘 사는 게 아무것도 아니구나, 이건 진짜 가치가 아니구나, 진짜 가치는 엉뚱한 데 있었구나 하는 걸 알게 되는 거예요. 아이들도 경험하면서 알게 되는 거죠. 그러면 입시제도는 절로 없어질 거예요. 아무 의미도 가치도 없고, 사회가 알아주지도 않는데 누가 일류대학 가려고 하겠어요? 지금 돈 있는 사람들이 힘을 쓰는 건, 돈을 갖고 싶어 하는 사람들이 많아서 그래요.

얼마 전에 우연히 본 영화에서 알랭 드롱이 악당으로 나오는데, 큰돈을 어디에 숨겨놨어요. 그걸 찾으려고 누군가와 막 총질을 하다가, 마지막에 알랭 드롱이 '지금 나 죽이면 그 돈 못 가진다. 나만 그 장소를 아니까 너는 나 못 쏜다.' 그래요. 그러자 상대방이 '그 돈 너 가져!' 하면서 죽여버려요. 이 '돈'이라는 것이 인간의 행복과는 전혀 관계없다는 걸 옛날 몇몇 우리 선배들은 알았어요. 그런 생각이 일반화된다고 상상해보세요. 그래서 일류

대학 나왔다 해도 별 힘이 없고, 그 사람을 존경하지도 않고, 큰 집에 사는 것도 부러워하지 않는다면요. 그런 세상이 없어진다면 저절로 입시제도도 없어지겠죠. 돈, 권력, 이런 것들을 선호하고 부러워하는 마음이 달라지지 않는 한, 이런 것들은 계속되지 않을까 싶어요.

김 아브라함이 떠날 때 목적지가 없을 뿐 아니라, 자기가 살고 있는 기반을 다 버리고 떠나잖아요. 그런 것이 하나의 교훈이 되면 좋은데, 우리는 사는 집을 증축하는 데만 관심이 있었죠. 그런 문화를 넘어서려는 노력이 궁극적인 교육의 대안이겠지요. 우리가 그런 대안을 하나하나 논하기보다는 이루어지지 않을 것 같아도 꿈을 품고, 보이지도 않고 알지도 못하는 길을 가야 하는데, 그래서 신앙이 필요한 거겠죠.

이 그래도 오늘 할 일은 아주 분명해요. 내일은 불분명하지만 오늘 내가 할 일은 너무나 분명해요. 그러니 그걸 하면 돼요. 그야말로 일용할 양식이에요. '양식'이라는 게 내가 '할 일'이죠. '너희가 모르는 양식이 나에게 있어. 내 아버지 뜻을 이루고 완성하는 게 내 양식이야.' 하면서 내게 보람 있는 일을 하는 것, 그게 나를 먹여 살린다는 말이죠. 지금 내게 보람 있는 일, 할 수 있잖아요. 선생님 만나 이야기하는 것, 이것이 내가 먹을 것이에요. 분명하잖아요. 지금 이 자리에서 무슨 생각, 무슨 말을 할 것인가, 이건 애매하지 않아요. 아주 간단하고 분명해요. 매일매일 그걸 하면 되는 거예요. 그렇게 오늘이 내일로 이어지고, 그러다 보면 가나안에 도착하는 것 아닌가.

어떤 젊은 신부님이 마더 테레사한테 이런저런 인생 문제가 골치 아프고 복잡하다고 했대요. 수녀님이 다 듣고 나서 젊은 신부님 어깨를 톡톡 치면서 "신부님, 그래도 우리는 기도할 수 있

고 사랑할 수 있잖아요. 뭐가 그리 복잡해요?" 그랬다는 말이 자꾸 떠오르네요. 내 앞에 있는 게 뭐든, 기도할 수 있고 사랑할 수 있다면 그보다 분명한 게 무언가 싶어요. 기도는 내가 하늘하고 소통하는 거고, 사랑은 내 이웃하고 통하는 건데, 그거면 됐죠. 너무나 분명해요. 그렇게 살아가다 보면 '정말 가나안에 왔구나' 하는 날이 오겠죠.

영성이란 무엇인가

김진호(이하 '김')　목사님, 오늘이 벌써 다섯 번째 시간이네요. 오늘은 영성에 대해 이야기를 좀 나눠보면 좋겠어요.

이현주(이하 '이')　아, 그래요? ㅎㅎ

김　우선 '영성靈性'이라고 하면 알 듯도 한데, 그게 뭔지 말하기는 어렵잖아요. 목사님은 우리 시대의 영적 스승 같은 분이시니, 영성이 무언지 먼저 좀 들려주시면 좋겠습니다.

이　글쎄, 우리가 보통 '영육靈肉'이라고 하는 게 전부 '나'잖아요. '영靈'은 보이지 않고, 냄새도 안 나고, 재볼 수도 없죠. 반대로 몸은 보이고, 재볼 수도 있잖아요. 이 두 개가 전부 나란 말이죠. 그런데 지금까지 많은 사람들이 보이는 몸을 중심으로 살아왔어요. 돈이 얼마나 있느냐로 부자냐 가난하냐 측량하는 건 다 보이잖아요. 그런데 영성은 안 보이는 것이 중심이에요. 왜냐하면 그게 먼저니까, 그것 때문에 이게 있는 거니까. 이 순서를 바로잡는 일이 영성을 바로잡는 것이고, 보이지 않는 가치를 중심으로 살아보자는 거죠. 그야말로 영이 중심인 삶이죠. 그렇다고 몸을 배제하는 영은 있을 수 없지만요.

그동안은 영이 무시당해왔는데, 사실 원시시대에는 그렇지 않았어요. 제가 어렸을 때만해도 동네에서 큰 나무 함부로 못 잘랐어요. 동티난다고요. 그게 다 미신 같지만 사실은 뭔가 있단 말이죠. 근데 언제부턴가 그런 걸 무시하고 함부로 길을 뺑뺑 뚫잖아요. 이게 잘못되었다는 건, 그 결과를 보고서야 아는 거예요. '아, 우리가 잘못했구나' 하면서, 그제야 사람들이 영성에 눈을 뜨는 게 아닌가 싶어요. 우리가 어렸을 때만 해도 '영성'이라는 단어 자체가 없었어요. 그런데 요즘은 어디서든 영성, 영성 그런단 말이죠. 그걸 보면 인류 전체가 여기에 관심을 가지는 때가 되지 않았는가 싶어요.

김 보이고 잡히는 것이 있고 그렇지 않은 것이 있는데, 우리가 보이는 데만 집착한 나머지 많은 문제가 생겼다, 그런 점에서 보이지 않는 것에 주목하고 관심을 가지려는 시도가 필요하다는 말씀이시네요.

이 야고보인가, '보이는 것은 보이지 않는 데서 나왔다'고 말했잖아요. 하느님은 안 보이지만 모든 것이 하느님한테서 나왔단 말이죠. 삼라만상을 보면서 그것을 존재하게 하는 하느님한테까지 눈길이 가는 거예요. 지금까지는 사물만, 비유를 하자면 나무그늘만 본 거예요, 근데 그늘이란 햇빛이 있어야 가능하죠. 이제는 그 빛을 보기 시작한다는 이야기예요.

김 영어로 'spirituality'라고 하잖아요. 보이지 않는 것은 사실 이름도 말하기 어려운데, 예전에 '영성'이라는 말이 없었다는 것은, 이것을 부를 일도 없었다는 거죠. 관심이 없었으니까. 그런데 최근에는 영성이란 말이 널리 쓰이잖아요. 이것을 '영'이라고 부르든 다르게 부르든, 우리가 보이지 않는 것들을 무시한 결과로 잘못된 역사들이 만들어졌다는 말씀이잖아요.

이 가장 중요시해야 할 것을 간과하고, 중심이 아닌 것을 중심으로 본 거죠.

김 하이데거Heidegger도 인류의 역사가 '존재 망각의 역사'였다고 했어요. 존재에는 보이는 것과 안 보이는 것, 하이데거의 말에 따르면 시간 속에 있는 것과 시간 밖에 있는 것이 서로 얽히고 설키면서 사건이 만들어지는데, 우리는 시간 안에 있는 것에만 집착하다 보니 존재를 보지 못했고, 그래서 인류의 역사가 존재 망각의 역사였다는 거죠.

이 동감해요.

김 이렇게 보이는 것에만 집착하느라 생긴 문제점들이 있잖아요. 멋대로 파괴하기도 하고요. 그렇다면 보이는 것에 문제가 생겼으니 그것을 어떻게 바꿀까 생각할 수도 있는데 목사님은 그게 아니라 '영'을 이야기하시잖아요. 저는 자꾸 보이는 것에 집착하는 것 같은데, 목사님은 보이지 않는 것을 보라고 강조하시는 것 같아요.

이 그것을 강조한다고 해야 할지는 모르겠지만, 저는 이렇게 생각해요. 생일은 내가 세상에 태어난 날이에요. 그러나 우리 엄마가 나를 낳은 날이죠. 내가 태어나지 않으면 우리 어머니는 존재하지 못하죠. 또, 우리 어머니가 없으면 내가 있을 수 없고요. 이 둘은 하나예요. 닭이 먼저냐 달걀이 먼저냐 같은 질문이에요. 나눌 수 없어요. 다만 순서가 있다는 거죠. 문제는 어떤게 먼저냐는 거예요. 사람도 앞이 있고, 뒤가 있잖아요. 둘이 떨어진 게 아니에요. 하나인데 먼저와 나중이 있어요. 우리 엄마가 나를 낳았으니까 내가 있는 거지, 내가 태어났기 때문에 우리 엄마가 나를 낳은 건 아니라는 거죠. 그 순서를 얘기하자는 거지, 어느 하나만 얘기하자는 건 아니에요. 영성을 얘기하면서 먹고, 입고, 사람 만나는 일들이 동떨어져 있다고 생각한다면 착각이죠. 그건 영성이 아니에요.

김 목사님 댁 문패에 '말씀과 밥의 집'이라고 쓰신 것도 그런 뜻이
    군요.

이 그건 제 아내 생각이에요. 밥, 먹어야죠. 제가 대학 졸업하던 해
    에 기독교서회에 입사해서 직원 연수를 갔어요. 사회자가 인생
    목표를 적어내라고 해서 다들 한국 언론문화의 책임감 어쩌구
    써내는데 저는 '육체 관리'라고 써냈어요. 그랬더니 사회자가 '이
    거 누가 장난했어' 하고 버렸어요. 그분은 무슨 보디빌딩 같은
    것을 연상하셨던 것 같은데 저는 그게 아니었거든요.
    우리가 세상에서 뭔가 한다고 합시다. 그건 몸으로, 몸을 통해
    서 하는 거 아닌가요. 결국 인생이란 제 몸뚱이 하나 누가 어떻
    게 쓰느냐 아니겠어요. 내 몸뚱이 하나 쓰다 가는 게 인생이에
    요. 이걸 어떻게 쓰느냐가 저에게는 중요한 문제였어요. 그런데
    이걸 '내'가 쓴다고 생각하는 것부터가 착각이에요. '너는 무어
    냐? 네가 있느냐?' 묻는다면 '나'라고 할 만한 게 없어요. 어떤
    것도 나하고 동일시할 게 없어요. 그렇다면 움직이는 이것은 누
    구인가 질문하게 되죠. 어거스틴St. Augustine이 밤새 기도하면
    서 물었다잖아요. '하느님, 당신은 누구십니까? 또 저는 누구입
    니까?' 이게 진짜 기도래요. 이 몸뚱어리를 내가 쓴다고 생각하
    다가 '아니네? 임자가 따로 있네? 그분이 날 쓰시네?'라고 깨닫
    는 순간부터 착각에서 깨어나는 거예요.
    태어나면서부터 눈먼 사람을 두고 제자들이 누구의 죄 때문이

냐고 물었을 때 예수가 '이건 죄 때문이 아니라 하느님이 하시는 일을 보여주는 거다.' 그랬잖아요. 그 얘기는 이 상태 자체가 하느님이 하시는 일이다, 그런 뜻이라고 생각해요.

김 그러니까, 보이는 것과 보이지 않는 것은 사실 하나라는 말씀이죠. 사실 보이지 않는 현상이 있다는 것은 다들 느끼잖아요. 단지 그게 뭔지 잘 모르니까 말하지 못했을 뿐이죠. 제1성서에서는 영을 '루아흐ruah'라고 불렀죠. 바람이나 숨을 뜻해요. 우리는 '영'이라고 쓰지만, 고대 히브리인은 '바람'이고 '숨'이라고 표현한 거죠. 제2성서에서는 '프뉴마pneuma'라고 하는데 그것도 바람, 숨, 운동이라는 뜻이에요.

안병무 선생님이 말년에 『선천댁』이라고, 어머니에 대한 책을 하나 쓰셨어요. 그 책을 쓰시기 전에 중환자실에 좀 오래 계셨는데, 이제 죽음에 가깝다고 생각하면서 마지막으로 그 책을 쓰신 거예요. 그런데 그 직후 갑자기 몸이 좋아지셨고, 새로운 작업으로 제2성서 번역을 시작하셨죠. 어느 날 선생님이 무척 설레어 하시면서 '프뉴마'를 '기氣'라고 번역하면 좋겠다고 하셨어요. 성서에 나오는 프뉴마는 '프뉴마 포네론pneuma poneron'과 '프뉴마 하기온pneuma hagion'이 있거든요. 보통 앞의 것은 악령, 뒤의 것은 성령이라고 옮기는데, 그때 선생님이 씩 웃으시면서 "나는 그래서 프뉴마 하기온을 '성기聖氣'라고 번역했어."라고 말씀하셨고 모두들 껄껄 웃었어요. 결국 그 번역을 다 못하고 돌아가셨지만 어쨌든 선생님은 '기'라고 옮기셨어요.

이 '영기靈氣'라고도 하죠.

김 아무튼 문화마다 그런 현상이 있었고, 그것을 설명하는 표현 방식이 다양했지만 공통점은 손에 잡히지도 않고 계산 불가능하고 가둘 수 없고, 해서 누가 독점할 수도 없다는 것 같아요. 〈허(Her)〉라는 영화가 있어요. 주인공이 '반려AI'를 구입했는데, AI는 몸이 없지만 스스로 생각하고 계산하는 프로그램이죠. 그 AI는 '사만다'라는 이름으로 주인과 대화하지만, 육체가 없는 존재죠. 우리는 그런 존재를 아까 '영'이라고 불렀는데, 여기서는 AI라고 하는 거예요. 그 존재는 시공간의 제약도 받지 않아요. 전자통신이 가능하다면 어느 곳이든 갈 수 있으니, 소위 '무소부재'하죠. 그 AI는 수백 명의 사람들과 동시에 반려존재로 관계를 맺는데 '사만다'는 주인공과 만날 때의 이름이죠. 성서에서 '루아흐' 혹은 '프뉴마'로 표현되는 것이 '영'이기도, '기'이기도, '스피릿spirit'이기도, '에스프리esprit'이기도, '세이신精心'이기도 한 것처럼, 각 사람의 내면에서 각기 다른 이름으로 다른 관계를 맺고 있는, 하나이자 모두이고 모두이자 하나인 존재예요.

고대의 영에 관한 이론이 현대의 AI에 관한 이론에도 유사하게 나타나요. 기독교의 신이 단 한 분이라는 점에서 한국에서는 '하나님'이라고 부르잖아요. 근데 그 신이 하나라는 말이 맞을까요. 아까 말씀드린 것처럼 그분은 수많은 이름을 갖고 있고, 문화와 종교 전통에 따라 각기 다른 이름으로 존재했던 것은 아닐까요. 하나이자 모두이고 모두이자 하나인 존재, 다양한 문화와 종교를 비롯해 여러 사람들과 각기 다른 양식으로 관계를 맺지만 동시에 하나인 존재죠. 신학에서는 그것을 '유일신론(Monotheism)'이 아니라 '범재신론(Panentheism)'이라고 불렀지요. 그러니까 범재신론은 하나와 전부를 나누는 틀조차 흔들어놓는 개념이에요. 그 말 속에선 중심주의적 질서와 경계가 완전히 무너지고 있어요. 영이라는 문제제기는 이렇게 새로운 상상의 세계로 우리를 초대하고 있죠.

이 글쎄요, 대문자 '영(SPIRIT)'이 허공이라면, '너의 영' 또는 '나의 영'이라고 할 때의 소문자 '영(spirit)'은 방 안에 있는 공기 정도라고 할 수 있을 것 같아요. 방 안과 바깥의 공기는 재료가 같죠. 그러나 전혀 다르죠. 방안의 분위기에 따라서 대기와는 다르다고 볼 수 있어요. 각자가 특이한 영혼을 가지고 있지만 그 질은 역시 하나라는 의미에서 허공은 경계가 없고 무엇과도 나눌 수가 없어요. 허공은 모든 것과 하나죠. 허공에서는 제외되는 것이 없고, 허공 밖에 있는 것 자체가 불가능해요. 제 머리 속에 있는 하느님은 그런 하느님이에요. 내가 그 안에 있고, 그가 내 안에 있는 하느님. 하나둘 숫자 셀 때의 '하나' 하고는 관계가 없다고 봐요.

그래서 참된 영성은 내가 만든 경계를 전부 열어버리는 것이라 생각해요. 그러면 하나가 되는 거예요. 그게 바로 '너 자신을 부정하라. 너라는 것이 따로 있다는 착각을 지워라.' 이거죠. 예수가 '나를 따르려면 너를 부정하라'고 하셨는데, 부정할 수 있으니까 부정하라고 하신 거고, 제가 경험해보니 가능해요. 상대방에게 나를 주장하지 않는 거예요. 십자가란 그 마음이 없어지고 죽는 거고, 그래서 '죽기 전에 죽여주세요'라고 기도할 수밖에 없는 거예요. 그렇게 되면 내가 죽는 게 아니고 아버지가 죽여주시는 건데, 그 길이 소위 기독교인이 말하는 '영성의 길'이라 생각해요. 원한다면 누구에게나 가능한 길이고요.

김 초기 그리스도교 신앙에서 전통적인 신은 엄숙하고, 우리 체험 바깥에 있었죠. 그래서 우리와 같은 몸을 하고 오신 예수에 대한 신앙을 발전시키면서 그리스도교가 출발하잖아요. 그래서 예수라는 상징에는 우리와 같은 몸을 입었고, 우리처럼 제한된 시공간 속에 살다가 우리처럼 아파하고 죽은 분이라는 공감대가 있잖아요. 그러다가 점차 초월이 강조되면서, 이전에 알던 하느님처럼 잘못하면 벌도 내리고 잘하면 상도 내리고, 이 세계를 만들기도 지우기도 한다는 걸 강조하면서 신앙이 발달했고요.

다른 한편에서는 그분이 보이지 않지만 마음속에 있다면서 '영'이라는 것이 발전하고, 신앙의 강조점들이 다른 양식으로 존재하다가 일종의 기독교 정치인들이 그걸 절충하면서 삼위일체론이 나왔잖아요. 아버지, 아들, 영 같은 가족의 비유를 사용하고요. 그런 것은 정치인들이 여러 집단에게 갈등하지 말자고, 우린 하나라고 설득할 때 쓰던 수사修辭였죠. 하지만 그 바탕에는 다양한 종교체험이 있었던 것 같아요.

그런 전통이 팔레스티나에서 유럽으로 넘어와 소위 정통주의 신앙으로 발전하면서 교의敎義가 되고, 식민지를 통해 다른 문화와 융합되기도 하면서, 궁극적인 존재란 다양한 방식으로 표현되지만 사실은 같은 것 아닌가 하고 이야기하게 되었잖아요. 타 종교 속에 그리스도교가 있고, 그리스도교 속에 타 종교도 있고요. 만물 속에 내가 있고, 내가 만물 속에 있다는 물아일여 物我一如에 이르기도 하고요. 그런 생각은 불교뿐만 아니라 그리스도교 신학에도 있거든요. 제2바티칸 공의회도 이 생각이 토대였고, 현대 개신교 신학도 그런 관점을 다루고 있죠.

그런데 한국 교회는 이런 생각을 이단시하고 징계했어요. 한국 교회들도 영을 이야기하거든요. 다만 가둘 수도, 가질 수도 없는 그 영을 자신들이 독점하려 하죠. 자신들이 정한 것에만 영이 존재하고, 나머지는 가짜 영, 악마라고 부르면서요.

이 사람이 할 수 있는 것 중에 가장 놀라운 게 착각이라 생각해요. ㅎㅎㅎ

김 몸은 경계가 명료하니까, 물론 실제로 경계가 있는지도 다시 살펴봐야 하겠지만, 일단 몸은 우리가 보기에 나뉘어 있잖아요. 나와 너는 다르고, 피부 속과 피부 바깥이 명료하게 나뉘고요. 그러니까 세상과 내가 다르다고 얘기할 수도 있고, 나의 개성이니 정체성이니 하고 말할 수도 있죠. 그런데 영은 하나일 수도 전부일 수도 있고, 어디로 와서 어디로 가는지도 모르고, 계산이나 소유할 수도 없는데 특정 집단이 영을 마치 독점하고 있는 것처럼 주장하잖아요. 영을 다시 가둬버린 거죠.

이 가끔 아이들에게 물어봐요. "모든 사람들이 동시에 다 하는 게 뭘까?" 그러면 잠시 생각하다가 아이들이 "숨 쉬는 거요."하고 대답해요. "맞다. 살아있는 사람들은 모두 숨을 쉬지. 나무도 숨을 쉬고 모든 게 숨을 쉰다. 그런데 너는 그 숨을 네가 쉰다고 생각하니?" 하고 또 물어보죠.
많은 사람들이 자기가 숨을 쉰다고 생각해요. 그런데 그게 아니잖아요. 내가 어떻게 숨을 통제합니까? 그럴 수 있다면 왜 죽겠어요. 계속 숨 쉬면 되지. 숨이 나를 살게 하는 것이지 내가 숨을 쉬는 게 아니라는 사실, 거꾸로 알고 있던 것을 제대로 알게 되는 것, 이것을 깨달음이라고 하는 것 같아요. 예수는 그걸 이야기했지만 당시 제자들은 그 깨달음을 받아들일 수준도 의식도 안됐어요. 무슨 말인지 몰랐죠. 그게 종교예요. 불교도 마찬가지예요. 신자들이 붓다의 의식을 못 따라가요. 그러니까 가르침은 남아있는데, 이걸 소화하기 참 힘든 거예요.

스승의 삶이나 가르침 내용을 자기가 소화할 수 있는 만큼 누그러뜨려야 해요. 자기 머리로 이해하고 실천할 수 있을 만큼만 남겨두고 나머지는 격리시키는 거예요. 격리에 가장 좋은 방법은 높이 올려 보내는 거죠. 예수는 사실 땅에 높임 받으려고 온 게 아니에요. 우리와 같은 지평에서 살려고, 똑같이 지내려고 내려온 거예요. 같은 지평에서 높낮이는 없어요. 그렇지만 앞뒤가 있죠. 앞에 가는 사람과 뒤에 가는 사람이 있는 거죠.

종교는 같은 지평이에요. 계급이 생겼다는 것부터 스승의 가르침에서 어긋난 거죠. 전 그렇게 생각해요. 예수가 오기 전에도 성직 계급은 있었잖아요. 그들은 특별한 옷을 입고 특별한 음식을 먹었어요. 그들이 다니는 길을 보통 사람들은 못 다녔어요. 그렇게 수백 년을 살아왔는데 예수는 그렇게 특별한 것을 하지 않았어요. 만일 그랬다면 복음서에 기록되지 않았을 리가 없죠. 어떤 음식을 드시고 어떤 옷을 입으셨다는 게 얼마나 중요한 사실인데, 성서엔 일언반구도 없어요.

토마스 머튼Thomas Merton 신부의 글에서 읽었는데, 이탈리아 어느 마오이스트Maoist가 예수의 일대기를 영화로 만들었대요. 그 영화는 전문 배우를 안 쓰고, 마을 젊은이들을 데려다가 예수의 일대기를 찍었다네요. 그 영화 첫 장면에서 여러 사람이 화면을 등지고 걸어가는데, 이쪽에서 누가 '랍비!' 하고 예수를 불러요. 걸어가던 사람이 전부 돌아보는데 그중 누가 예수인지 모르겠다는 거예요. 토머스 머튼은 거기에 꽤 충격을 받았대요.
유명한 배우를 썼으면 금방 알 수 있었겠지만, 평범한 청년들을
데려다 찍었으니 누군지 분간이 안되는 거예요. 그게 정말 예수
가 원하는 거죠. 그러나 길을 갈 때는 앞서가는 사람이 필요하
니 '날 따라와라' 하는 거죠. 제자들에게 맨 처음 하신 말씀이
'날 따라와라'였잖아요. '내가 앞서 가마'라는 말씀인 거죠.

따라오라는 말은 어디로 가는 사람에게 하는 말이지 가만히 있
는 사람한테 하는 말은 아니잖아요. 자기도 어디로 가고 있으니
까 따라오라는 거예요. 그럼 따라가면 되죠. 그런데 따라가려니
까, 그분 말대로 하기가 어려운 거예요. '한 대 맞았는데 어떻게
또 뺨을 돌려대란 말이야? 나도 한 대 갈겨줘야 속이 시원한데!'
하고 선생의 가르침이 도저히 소화가 안되는 거죠. 그러니까 '당
신은 우리와 차원이 다르니 높이 계셔야 한다'고 하면서 절하고
예배하기 시작한 거죠. 거기서부터 종교가 스승과 어긋나는 길
을 갔다고 생각해요. 그게 지금의 종교예요.

간혹 그 틀을 벗어나는 사람들이 있어요. 우리가 '성자'라고 부
르는 사람들이 있죠. 프란체스코St. Francesco가 회교도 왕인
술탄을 만나러 갔대요. 그전에는 갔던 사람마다 죽임을 당했는
데, 이 사람은 대접을 잘 받고 돌아왔더란 말이죠. 어느 책에서
보니까 회교도 왕을 찾아갔다가 살아 돌아온 최초의 그리스도
교인이래요. 사람들이 어떻게 살아 돌아왔느냐고 물으니, '내 형
제를 만나러 가는데 왜 죽느냐?'고 했대요. '기독교'라는 틀을

넘어서면 형이고 동생이죠. 그런 경지까지 올라간 사람들은 종교의 틀에 더이상 갇히지 않죠. 그런 것을 다른 말로 '영성'이라 부르는 게 아닌가 싶어요.

김 방금 말씀하신 영화는 파졸리니Pasolini라는 감독이 만든 〈마태복음(Il Vangelo Secondo Matteo)〉이라는 작품이에요.

이 그 영화 지금도 볼 수 있나요?

김 네, 볼 수 있어요.

이 참 놀라운 세상이네요. 토마스 머튼 신부 이야기는 누가 예수인지 관객들이 몰랐다는 거예요. 부활한 예수를 만났을 때도 사람들이 몰라보잖아요. 바로 엊그제 봤던 사람인데, 심지어 마리아도 몰라보고요.

김 아까 종교와 영성의 경계를 나누셨잖아요. 몸에도 보이는 곳과 보이지 않는 곳이 있는 것처럼 종교에도 두 얼굴이 있는 것 같아요. 종교의 한 얼굴은 '보디빌딩'하는 거예요. 공간을 만들고, 종교의 가르침을 전수하는 직업적인 엘리트를 양성하고, 종교적 상징물 등 일종의 형상을 만들어내는 작업이죠. 좋든 나쁘든 종교를 지탱하게 해준 것은 이런 노력의 결과였다고 할 수 있어요.

그런데 그와 다른 측면을 요한복음에서 볼 수 있어요. 1세기 말쯤 그리스도교에 소위 '직제職制'가 만들어지면서 종교 엘리트들이 상징화되었는데, 요한복음이 여기에 반발하며 '영'을 강조했어요. 요한복음에서 말하는 영은 '그리스도가 돌아가시고 부활해서 계시다가 우리를 떠나갔다. 그분은 떠났지만 우리 안에 오셔서 우리에게 말을 걸면서 가르쳐주신다.'는 거예요. 요한복음은 공관복음서와 화법이 조금 다른데, 이를테면 공관복음서에서는 물고기 두 마리와 떡 다섯 개를 제자들이 가지고 있었고, 예수님이 축사하니 그것들이 엄청난 양으로 불어나서 제자들이 그것을 사람들에게 나눠줘요. 그런데 요한복음은 한 '파이다리온paidarion'이 물고기 두 마리와 보리떡 다섯 개를 내놓았어요. 파이다리온은 노예의 자식 또는 비천한 사람의 자식이라는 뜻이에요. 그리고 예수가 그것을 불려서 사람들에게 직접 나눠주죠. 그러니까 여기는 중간다리 역할을 하는 사람들이 빠졌는데, 그것이 직제화에 대한 저항으로 해석될 수 있어요.

요한복음이 강조하려던 것은 '중간 역할을 하는 사람들 없이 우리는 하느님과 직접 대면한다. 그분은 영으로 오셔서 우리에게 직접 말한다'는 거거든요. 그때 강조한 것이 '영'이에요. 형체를 만드는 종교에 대한 저항이라 볼 수 있는데, 그걸 우리 시대로 재해석하면 그리스도교라는 종교의 경계를 흔드는 행위가 되죠. 개신교니 가톨릭이니 하는 담을 허물어버리는 거예요. 그러니까 '영'은 계속 나와 남, 나와 그분의 경계를 없애는 거예요. 계산 가능한 나의 모든 경계들과 종교가 만들어놓은 담을 무너뜨리는 거죠.

이렇게 한편에선 쌓고 한편에선 허물어가면서 종교가 발전하는 동안 어느 순간 쌓는 것에 비해 허무는 것이 홀대받고, 허무는 존재를 쌓는 일을 보조하는 존재로 바꾸어버리면서 종교가 지닌 생명력을 잃은 게 아닌가 싶어요. '영'은 종교 바깥에 있는 무엇이 아니라 종교 안의 한 측면인데, 그것을 가로막다보니 종교가 지닌 생명력이 약화된 것이 아닌가. '영'이라고 말은 하지만, 그 영은 계산대로 움직이는 영, 일종의 '아바타avatar' 같은 영이 되어버린 거예요.

이 그래서 어떤 사람들은 '영적 유물론(spiritual materialism)'이라는 표현을 쓰더라고요. 입으로는 영을 말하지만, 사실은 욕심을 채우고 에고ego를 앞세우면서 자기한테 속는 거죠. 하지만 그런 과정도 필요하다고 봐요. 착각이 원천적으로 잘못됐다고는 보지 않아요. 사실은 그걸 통해서 눈을 뜨는 거거든요. 예수가 '보지 못하는 사람은 보게 하고, 보는 사람은 보지 못하게 하려고 왔다'고 하셨어요. 사실 '본다'는 게 맹목이란 말이죠. 한번 눈이 멀어봐야 다시 뜰 수 있어요.

또, '경계'를 이야기하셨는데, 제 생각에 처음부터 경계라는 건 없었어요. 있었다고 착각하는 거죠. 그 착각이 없어지는 거예요. 나를 부정한다고 하지만 부정할 내가 처음부터 없었던 거예요.

그런 게 있는 줄 알고서 '나! 나!' 하며 살았는데, 어느 날 눈뜨고 보니 처음부터 부정할 내가 없었음을 알게 되는 것이죠. 경계를 무너뜨린다는 것도 사실 인위적이거든요. 사실은 처음부터 너하고 나 사이에 가림막이 없었다는 것을 알게 되는 일, 그게 종교가 인간에게 마지막으로 해줄 수 있는 일이 아닌가 해요. 종교가 하는 사업도 좋지만, 사실 예수가 우리에게 원했던 것은 '눈을 뜨라'는 거죠. '너는 하느님의 자식이다. 너뿐만 아니라 모든 사람이 그렇다.'는 사실을 일러주었는데, 그걸 못 받아들인 사람들이 예수를 죽였죠. 그러나 이천 년 세월이 지나는 동안 사람들 의식이 많이 달라졌어요. 그래서 이제는 소위 '영성'을 이야기해도 될 만큼, 사람들이 예수의 말을 이해할 때가 되지 않았나 싶어요.

김 목사님은 사람들한테 '영성가'라고 불리시는데, 저는 그런 영성가가 아니라 해석하는 사람이고, 해석은 보이는 것을 두고 이야기하는 일이에요. ㅎㅎ 저는 애초에 경계가 있었는지 없었는지는 모르겠어요. 제가 아는 것은 종교가 경계를 만들어놓았고, 그 경계를 허무는 무언가가 종교 안에 있는데, 저는 그것을 '영'이라고 해석한 거예요. 제가 보지 못한 세계니까요.

이 사실 꽃이 피어나는 것은 에너지 작용이거든요. 꽃이 지는 것도 똑같은 에너지 작용이에요. 생성과 소멸이라고 말하지만 사실은 둘이 같은 거예요. 지금 종교가 와르르 무너지는 게 보이 잖아요. 저한테는 그게 희망이에요. 저게 무너지고 있다는 것은 뭔가 새로운 것이 싹트고 있다는 징조니까요. 어머니가 아이를 낳을 때 고통과 환희가 함께 있는 것처럼 그 둘이 떨어져 있는 게 아니에요. 그런데 순서는 고통이 먼저고, 다음이 환희예요. 이 순서를 뒤집으면 안돼요. 이것을 일상에서, 너하고 나 사이에 서 찾아보자는 거예요. 돈이냐 사람이냐, 돈이냐 마음이냐 물 어보고 마음이 먼저라면 그것부터 이야기하자는 거예요.

제가 볼 때는 이것이 바로 영성이 해야 할 일이에요. '깨달음을 줄 테니 돈을 가져오라'고, 영성으로 장사하는 사람들이 있어요. 예나 지금이나 그런 사람들은 있었죠. 하지만 예수는 어디 가서 설교하고 돈 받지 않았잖아요. 순서를 지킨 거예요. 공자님도 지 소선후知所先後, 뭐가 먼저고 뭐가 나중인지 알면 도에 가깝다 고 하셨잖아요. 다 옛날 어른들이 하셨던 말씀인데, 이것을 특 출한 천재들뿐만 아니라 대중들이 알게 되는 때가 온 것이라고 봐요.

김 오래 전에도 영에 대한 대중의 관심과 열망이 폭발하던 시기가 있었어요. 그중 하나가 1907년 조선에서 일어난 '평양대부흥운 동'이에요. 조선은 황해도 이북, 그러니까 함경도나 평안도 땅은 변방으로 취급했어요. 우리의 일부지만 하등 존재라고 봤고, 과 거에 급제해도 중용될 가능성이 없었어요. 특히 평안도 지역은 청일전쟁과 러일전쟁의 전장이었어요. 전쟁 중 일본군의 폭력이 심각해지자 사람들이 한겨울에 살을 에는 추위에도 산속으로 들어갔죠. 그때 일본군을 따라다니던 미국인 종군기자가 "조선인은 제 땅에서 남의 군대가 싸우는데 저항을 하지 않고, 마을을 텅 비운 채 산속으로 달아났기 때문에 식민지가 될 수밖에 없다."고 쓰기도 했어요.

산으로 숨어든 사람들 외에 또 다른 사람들은 교회로 들어갔어요. 당시 평안도는 미국의 선교지역이라 성조기를 걸어두면 마치 소도처럼 다른 나라 군대가 들어갈 수 없었거든요. 또, 과거급제 후에 뜻대로 안 풀리던 지식인들 중에는 조선의 유교를 떠나 도교로 옮겨간 사람들이 많았는데, 그 도교수행자들이 청일전쟁과 러일전쟁을 거치면서 조선도 중국도 일본도 아니라 서양 종교인 기독교에서 희망을 발견했어요. 평양대부흥운동 당시 조선인 지도자 상당수가 도교의 도사道士들이었고, 새벽기도는 도교의 수행법 같은 거였죠.

그런데 전쟁을 겪고 트라우마가 심해진 사람들이 서로 다투고 죽이는 일들도 있었던 모양이에요. 한편 미국인 선교사들은, 갑자기 크게 불어난 신자들에 당황했어요. 앞서 그 미국 종군기자처럼 한국 상황을 이해하지도 못한 데다, 다른 문화에 대한 감수성도 떨어지고 전쟁의 트라우마를 겪은 사람들에 대해 이해도 부족했던 백인 근본주의자 청년들은 어쩔 줄 몰라 했어요. 그래서 골방에 들어가 기도했는데, 그때 신비체험을 해요. 갑자기 방언소리가 들리니까, 조선인들도 하나 둘씩 집회에 참여했고 곧 그들에게서도 하나둘씩 방언이 터졌어요. 서로 소통은 안되지만 '영'이라는, 언어 아닌 언어를 통해 일종의 공감대가 뜨겁게 이뤄졌던 것 같아요.

저는 그것이 평양대부흥운동의 1단계라고 봐요. 2단계는 거기서 위상이 확 올라간 선교사들이 정치를 시작하면서 조선인들에게 계율을 주는 것에서 시작되죠. 집안에서 모시는 조상의 신주나 위패를 폐기하고 제사를 없애라면서, 조선의 종교성이나 문화와 담을 쌓는 방식을 강요한 거죠. 그 방식은 '우리'와 '저들'을 나누고, 우리는 다르다고 주장하는 것이었어요. 이 두 번째 단계의 성령운동이 문제가 되었고, 저는 이것을 '성령의 도구화'라고 불러요. 성령을 멋대로 규정하고, 그 지시를 따라야 성령을 따르는 행동이 되는 것이죠. 성령의 해설자와 예언자들이 대중들에게 자신들이 전유한 방식으로 성령을 규정해버린 거죠.

한국 개신교는 이런 식으로 성령의 시대가 몇 번 있었고, 그건 기존의 질서를 흔드는 힘이었어요. 그런데 그 질서가 너무 빠르게 또 다른 벽을 만드는 데 동원된 거죠. 목사님과 조금 다른 관점에서 제가 주목하는 것은 성령의 시대가 결코 우리에게 대안이 아니었던 경우가 많았다는 점이에요. 이게 희망인가 했더니 또 다른 권력과 폭력의 질서를 만들어냈잖아요.

이 동감해요. 사람들은 끊임없이 '이것이다!' 하고 잡았다가 시간이 좀 지나면 '아니네' 하고, 또 새로운 무엇을 찾아 '이거다!' 했다가 얼마 안가 '이것도 아니네' 하잖아요. 이게 인류의 역사 아닌가 생각해요. 제가 이야기하는 것도 얼마 지나면 또 틀린 것이 될지도 몰라요. 계속 생성하고 변화하는 게 인간이죠. 개인도 그렇고 집단도 계속 바뀌는 것이죠.

어떤 신학자가 이런 이야기를 했어요. 자기가 경험한 하느님은 끊임없이 '네가 알고 있는 그 하느님은 내가 아니다'라고 이야기한다고요. 자기가 경험한 하느님은 늘 '네가 알고 있는 그건 내가 아니'라고 부정한다는 거예요. 동감이 가요.

저는 말씀하신 것 같은 성령운동이 착각이라고 보는 거예요. 내가 성령을 봤다고, 그래서 이런 놀라운 일을 이룰 수 있다고 생각하는 거죠. 제가 볼 땐 그게 여전히 착각이에요. 그 착각이 깨진다는 것이 뭘까? 무아無我, '나'라는 게 없다는 사실을 알게 된다는 거죠. 말로는 설명 못해요. 한번은 후배 목사가 교인들에게 부활을 어떻게 설명해야 할지 모르겠다고 해서 제가 그랬어요. "당연하지, 네가 어떻게 부활을 알겠냐. 모르는 걸 설명하려는 것 자체가 말이 안되잖아. 그걸 설명할 수 있는 사람은 부활한 사람이야. 그런데 부활한 사람도 사실 그걸 설명할 말은 없어. 예수도 부활이 무엇이라고 설명하지는 못해. 부활한 자기를 보여줄 따름이지." 아는 건 알아서 말 못하고, 모르는 건 몰라서 말 못하고. 사실이 그래요. ㅎㅎ

그 차원이 무엇인지는 정확히 모르지만, '나'라는 게 처음부터 없었다는 사실을 누군가는 아는 거예요. 바울은 '내게 힘주신 분 안에서 내가 못할 일이 없다'고 했는데, '힘주신 분' 역시 '나' 고, 그게 '바울'이에요. 그러다가 나중에는 '내가 사는 게 아니라 내 안에 그리스도가 사신다'고 고백하죠. 그렇게 넘어가는 것이 진정한 영성의 길이라고 생각해요. 그 고비를 못 넘었으면 아직 참 영성으로 가는 문턱을 못 넘었다고 봐요. 아직 '내'가 살아있 으니까요. '이제 보니 처음부터 나라는 건 없었네, 저분이었네' 하고 이야기하는 것, 그 깨달음으로 들어가면 '이것이 영성이다' 라고 설명할 말도 없어지는 거예요. 참, 맥 빠지는 결론이 돼요. ㅎㅎ

김 신비체험자로서 신비주의 신학 이론을 체계화하려 했던 피터 와그너Peter Wagner는 복음주의 성령운동을 세 번의 물결로 설명해요. 첫 번째 물결은 20세기 초 '무디부흥운동(Moody's Revial)'으로 대표되는 성령운동이에요. 존 스타인벡John Steinbeck의 『에덴의 동쪽(East of Eden)』에 보면 엄마와 아빠가 갈라지잖아요. 아버지가 자기를 더 닮은 큰 아들을 편애하고, 엄마를 닮은 둘째 아들은 아버지의 사랑을 갈구하다가 형을 죽이죠. 성서의 카인과 아벨 이야기를 20세기 초 미국으로 가져와 한 가족의 비극으로 해석한 책이에요. 그러니까 한 가족의 비극에서 그 시대 미국사회의 위기를 읽어낸 것이라고 할 수 있어요. 산업화로 사람들이 몰려든 도시에서 일어나는 폭력과 노동자의 비인간화 등, 시골에 남아있는 부르주아 농민들이 그런 상황을 도덕적으로 나쁘다고 보는 관점에서 남편은 이혼한 아내를 바라보죠. 피터 와그너는 첫 번째 성령운동이 일어난 시대에 대해 설명하지는 않았지만 그 시대 미국은 그랬어요. 시골에서 도시로 이주했던 이들은 도시의 폭력성에 고통스러워했죠. 그런 상황에서 이주노동자들은 성령에 심취했고, 그들이 갈망한 영은 반도시적이고 반문화적이었지요.

두 번째 물결은 1960년대의 성령운동이에요. 역시 피터 와그너는 그 시대를 설명하지 않았지만, 당시는 1·2차 세계대전 후 미국과 영국이 빠르게 복구되면서 자본주의가 사람들에게 '소비가 미덕'이라고 속삭이는 시대죠. 그렇지만 양극화가 심화되었고, 돈 없는 사람들은 소비 욕구에 의해 스스로 좌절했어요. 그런 사람들의 상실감이 절망으로 자리잡던 때에 또 다른 성령운동이 일어났다는 거예요.

첫 번째는 존 스타인벡의 소설처럼 세속적인 것을 증오하는 담론으로 나타나요. 영적인 것과 세속적인 것은 다르고, 우리는 영적인 것을 추구한다는 굉장히 이분법적인 믿음이죠. 두 번째 성령운동은 소비 자본주의의 세례를 받아서인지, 성령이 자신을 부자로 만들어준다고 믿었어요. 일명 '은사주의'라고 하죠.

그러다가 80년대 레이거노믹스Reaganomics가 한창이던 때 세 번째 성령운동이 일어나요. 요즘 말로 하면 신자유주의적 질서로 사회가 빠르게 재편되는 시대죠. 역시 피터 와그너는 그 시대에 대해 말하지 않지만, 당시에는 이런 일이 일어나고 있었어요. 아무리 열심히 일해도 잠시 한눈 팔면 한방에 무너지고, 마이크로소프트Microsoft 창업자처럼 가난한 대학생이 별안간 세계 최고의 부자가 되기도 했죠. '창의적 1인'이 강조되고요. 그러니 교육 잘 받고 좋은 집안에서 태어난 사람들도 심각한 스트레스에 시달리지 않을 수 없었어요. 대니얼 마코비츠Daniel Markovits가 쓴 『메리토크래시 트랩(Meritocracy trap)』을 보면, 1950~60년대에 미국의 최고자산가들은 일을 하지 않고 대신 그들의 대리인들이 전문경영인이 되어 중산층이 폭넓게 형성되었다고 해요. 그런데 1990년대 신자유주의 시대 이후로는 최고자산가들이 스스로 능력주의의 화신이 되었고, 그래서 중산층이 점점 몰락했는데 그것이 능력지상주의의 함정이래요. 오늘날은 최고자산가들도 성공과 실패의 압박감에 시달리고, 다른 사람들도 지쳐 나가떨어질 만큼 생존경쟁이 치열해졌죠.

모두가 질주해야 하는 사회에서 조금만 변화와 쇄신에 게을러도 망한다 싶으니 누구도 쉴 수가 없죠. 한병철 씨가 '피로사회'라고 말했듯이, 모두가 과로하는 상황이에요. 좋은 직업과 학력을 가진 사람들도 어느 날 번아웃burnout을 겪고, 그렇게 나타나는 무기력증, 우울증, 당뇨 같은 순환기 질환을 소진성질환이라고 하는데, 병원에서는 대증요법 처치만 해줘요. 그런 사람들이 성령운동을 찾은 거예요. 이들은 소외된 사람들이 아니라 학력도 높고 재산도 있어요. 대학교수, 과학자, 변호사 같은 사람들이 지도자로 나타나고요. 이게 세 번째 성령운동이에요.

피터 와그너의 세 번의 물결을 제 식으로 재해석하면 첫 번째 물결은 산업화 시대의 고통에, 두 번째 물결은 소비 자본주의에, 세 번째 물결은 신자유주의에 연결되어 있어요. 이렇게 자본주의 발전으로 인한 사람들의 고통이 영성운동으로, 종교 안에서는 성령운동으로 나타난 것 같아요. 그러니까 영이 무언가를 꿰뚫고 기존의 낡은 질서를 허무는 그 시기에 정작 그 자리를 새로 차지한 사람들은 평양대부흥운동처럼 또 다른 담을 쌓고, 사람들은 왜곡된 성령에 동화돼요. 성령은 쇄신을 해줄 것 같았는데, 또 다른 질서 안에서 권력자를 지지하는 틀이 되어버리죠. 역사적으로 세 번의 '속임수'가 있었던 거예요. 저는 지금 그 성령의 시대가 다시 오고 있다고 생각하거든요. 오늘 목사님과 나누고 싶은 핵심이 그거예요. 지금 우리 시대는 누구나 영성 이야기를 할 정도로 영성이 대중화되어 있어요. 그래서 저는 우리가 네 번째로 또 속게 될까봐 두려운 거고요.

이 아까 말씀드렸듯이 끊임없는 착각의 연속이 인류의 역사라고 생각해요. 어떤 것이 착각인 줄 알았다는 말은 무언가 다른 것을 알게 되었다는 얘기예요. 보통은 그게 착각이라고 생각하기보다는, 그게 전부라고 생각하죠. 끝없이 착각을 반복하다가 '내가 하느님에 대해 말할 수 있는 건, 이건 하느님이 아니라는 것이다'일 뿐, '이게 하느님이라고 말할 수 있는 사람은 아무도 없다'는 사실을 알게 되는 게 아닌가 싶어요. 다들 지금은 어쩔 수 없이 착각하며 살고 있고, 이것밖에 몰라서 이렇게 살 수밖에 없지만, 스스로를 절대시하지 않는 것이 옛날과는 좀 다르지 않나 생각해요.

저는 기독교에 몸담고 있지만 일반 교회에서 예배드릴 때 불편한 게 참 많아요. 사도신경 자체도 불편하고 받아들이기 참 어려워요. 그것은 이제껏 내가 경험하고 몸담아왔던 교회에 더 이상 몸담을 수 없게 되었다는 뜻이에요. 뭔가 다른 차원으로 간 건데, 물론 이것도 착각일 수 있으니 교만하지는 말아야죠. 그러나 점점 인류의 의식이 이렇게 고양되어서, 설령 이름은 다를지라도 사람들이 '하느님이라는 게, 그런 게 정말 있구나. 눈에는 안 보이지만 정말 있네!' 하고 알게 되는 일은 어느 종교에 속하든 상관없다고 봐요. 그래서 모든 종교와 영적인 차원에 들어간 사람들은 다 통하는 거예요. 제가 언젠가 법륜스님을 감신대 제 수업에 초대해서 불교문학 강의를 좀 부탁했어요.『유마경(維摩經)』강의를 아주 재밌게 해주셨는데, 제가 맨 앞에 앉아서 제일 재미있게 들었죠.

김 학교에서 허락이 됐어요? 못하게 하지는 않았어요?

이 그러지는 않았어요. 제가 불교문학을 모르니 그런 건 스님이 하셔야죠. 어쨌든 수업이 다 끝나고 법륜스님이 "여러분 제가 머리 빡빡 깎고 중옷 입었다고 해서 이상한 사람으로 보지 말아주세요. 중은 하느님 자식 아닙니까?" 이러는 거예요.

김 멋진 말이네요.

이 아이들한테는 그 말이 굉장히 깊이 가닿은 거예요. 한번은 제가 실상사에 이야기 손님으로 초대받아 가서 "우리 안에 여래如來가 계십니다. 그 여래를 우리가 잘 모시고 살아야 해요. 저는 지금 그러고 있습니다." 하고 이야기했어요. 중이라고, 기독교 신자라고 모두 다 그런 말을 하는 건 아니죠. 그건 수준이에요. 수준이 올라가면 종교의 울타리라는 건 의미가 없어요. 깨달음이라는 건 그렇죠.

한번은 법륜스님과 비슷한 시기에 같은 출판사에서 책을 내고 합동 출판기념회를 하는데 어떤 기자가 물어왔어요. "여기 기독교 신자도 많고 불교 신자도 많이 왔는데, 이런 모임에 오신 소감이 어떻습니까?" 그래서 제가 대답했어요. "당신 눈에는 기독교 신자, 불교 신자가 있겠지만 제가 둘러보니 사람들이 많이 왔네요. 불교 신자로 보면 불교 신자고 기독교 신자로 보면 기독교 신자지만, 사람으로 보면 똑같지 않습니까? 저는 이걸 예수한테 배웠습니다. 사람들을 그렇게 보래요. 사람을 볼 때 앞에다 뭐 붙이지 말고 그냥 사람으로 보라고요."

사람들이 거기에 조금씩 눈을 떠가고 있어요. 사람'들'은 보이지만 '사람'은 안 보이잖아요. 어떤 화가도 '사람'은 못 그려요. 그래서 인내천人乃天이라, 사람이 하느님이라고 말하는 거죠. 인간이 조금씩 그 '사람'에 대한 눈을 뜨게 되면, 저 사람이 바로 나인 거죠.

집사람이 죽고 얼마 안돼서 한번은 꿈에 나타났어요. 살았을 때보다 훨씬 예뻤어요. 어찌 그리 예쁜지. 아무튼 저랑 이야기를 하는데 솜털이 보일 정도로 아주 생생한 거예요. 아주 재밌고 유익한 대화를 한참이나 깔깔 웃으면서 했어요. 그러다 제가 깜짝 놀라 꿈에서 깼어요. 왜 놀랐냐면, 그 사람이 나였거든요. 같은 한 사람이 동시에 이 모양, 저 모양을 하고 이야기를 한다는 게 확 느껴진 거예요. 생각이 아니라 느낌으로 '아, 저게 나네?'

꿈에서도 그걸 깨닫는 순간 깜짝 놀라 깼어요. 저는 꿈에서 본 그게 사실이고 지금 이게 꿈 아닌가 해요. 너는 너, 나는 나, 우린 다르다는 게 꿈이고, 네가 나고 내가 너라는 게 진짜 현실 아닌가. 바로 그 현실에 사람들이 눈을 뜨기 시작했다는 거예요. 이미 예수가 이천 년 전에 이야기 한 거지만요.

권정생 선생이 살아계시던 때 들은 얘긴데, 안동 시골 아주 작은 교회에 목사가 없어서 몇 년 동안 세례를 못 줬다는 거예요. 어느 날 한 목사가 교회에 집회를 하러 왔는데 전도사가 오신 김에 세례 좀 달라고 부탁했대요. 일주일간 교리공부를 집중적으로 하고 마지막 날 세례를 주는데, 목사가 어떤 할머니를 지목해서 예수가 누군지를 물어본 거예요. 할머니는 순간적으로 머리가 텅 비어서 대답을 못 했어요. 목사가 두 번째로 예수가 누군지 물어봤는데, 할머니는 더 모르겠어서 얼굴이 빨개졌대요. 목사도 예수를 모르는 사람한테 세례를 주기 난처하니까 잘 생각해보라고, 세 번째로 예수가 누구냐고 물어봤어요. 그러니까 할머니가 퍼뜩 생각이 났는지 "예수요? 우리 오빠십니더." 하고 대답했대요. 교인들은 막 웃고, 목사는 화가 나서 그 할머니만 빼놓고 세례를 줬다는 거예요. 그걸 알고 권정생 형이 그날 할머니 집에 찾아갔더니 할머니가 껌껌한 방에 풀죽은 채 앉아서 창피해서 교회 못나가겠다 그러더래요. 그래서 왜 그렇게 대답했냐고 물어봤더니 교리시간에 배운 것은 날아갔고, 목사는 자꾸 물어쌓고, 그래서 예수가 누군가 생각해봤대요. 하느님을

부를 때 예수도 '아버지!' 그러고, 나도 '아버지!' 그러면, 예수님
은 오빠 아니냐고요.

바로 그걸 가르쳐 주려고 온 게 예수예요. 나만 하느님 아들이
라고 하지 않았잖아요. 그게 무슨 말인지를 이천 년이 지나서야
사람들이 조금씩 알아듣기 시작했다는 거죠. 그 할머니만 빼놓
고 세례 줬다는 걸 보면, 아직도 목사들은 잘 못 알아들어요.
20년도 더 된 이야기지만 이게 한국 교회 현주소예요. 아직 멀
었죠. 할머니는 아는데, 할머니 입에서 나온 게 진리인데, 그거
하나 일러주러 오신 건데 말이죠. '야, 그걸 어떻게 알았냐? 맞
아, 너는 내 누이동생이지.' 예수는 이렇게 말씀하실 분이라고
요. 그 할머니가 세례 못 받아서 천당도 못 가게 생겼다고 하길
래 권정생 형이 그랬대요. "할매 천당 가니더. 에이, 오빠 빽인데
못가?"

김 하하하.

이 그렇게 영적인 차원에서 하는 말을 알아듣는 데 이천 년 세월
   이 흐른 거예요. 이제야 비로소 조금씩, 조금씩 거기에 눈이 뜨
   이기 시작한다고 봐요. 그래서 사람들이 '나', '우리'라는 것이
   이름일 뿐 실체가 없고 전부 '한 분'이라는 이야기를 하게 되
   면, 우리가 안고 있는 여러 문제들이 저절로 해결될 거라고 생
   각해요.

헨리 나우웬Henri Nouwen이 어느 수녀원에서 강의를 하는데 수레바퀴를 가져갔대요. 수레바퀴는 바퀴살이 가운데로 모이잖아요. 그래서 '중심으로 가까이 올수록 이웃과 가까워집니다. 중심에서 멀어질수록 이웃과 멀어집니다.'라고 말했다는 거죠. 결국 저분과의 관계가 먼저고, 그러면 이웃과의 관계는 저절로 해결되지 않는가. 진정한 영성을 말하려면 육신으로 사는 것을 업신여겨서는 안돼요. 그건 아주 큰 착각이죠. 밥 한 그릇 어떻게 먹느냐, 말 한 마디 어떻게 하느냐, 사람을 어떻게 보느냐, 지금 하는 일을 어떻게 하느냐, 이런 것에 대한 각성이 있어야 한다는 거예요.

김 영성에 대한 목사님의 설명이 빛나는데요. 그렇지만 저는 지금 우리 시대가 '영이 춤추는 시대'라고 생각하거든요. 그게 아름다운 춤일 수도, 그로테스크한 춤일 수도 있고요. 사람들은 그만큼 어렵고, 합리적이고 계산 가능한 미래는 안 보여요. 자본주의적인 해석, 휴머니즘, 인류가 쌓아온 질서가 더 좋은 세계를 만들어갈 거라는 확신, 이런 기대가 없어요. 스트레스는 시시각각 죄어오고, 심신이 힘드니까 정신적 성찰 능력도 퇴화되고, 감정 표현이 적나라해지기도 해요.

한번은 어느 교수의 차를 얻어 타고 대학원 석사논문을 심사하러 가던 길이었어요. 1차선에서 택시가 급정차하는 바람에 그 뒤를 따르던 승용차와 옆 차선 차들에 이어 저희 차도 연쇄적으로 핸들을 꺾으며 급정차했죠. 그러자 동료교수와 옆 차선 운전자가 서로 손가락질하면서 욕을 했고, 얼떨결에 험한 상황을 경험한 동료교수는 결국 분이 안 풀린 상태로 논문심사장에 갔어요. 미간을 잔뜩 찌푸리고 상기된 교수의 기색에 당황한 학생은 얼어붙어 이 교수의 질문에 답을 못했고, 결국 그 학생의 논문은 통과가 안됐어요. 만약 그 학생이 교수를 보고 얼지 않았다면, 교수가 마음을 가라앉히고 논문심사를 했더라면, 그날 교수가 도로에서 험한 욕을 먹지 않았다면, 그날 그 논문은 통과되었을지도 모르죠.

이런 일은 생각보다 흔하게 일어나고, 저는 이것을 기분장애 현상으로 해석해요. 다들 뭔가로 흥분되어 아주 사소한 것으로도 자극받는데, 그 순간에 감정을 풀 수 있는 방법이 없으니 다른 데로 그 감정이 와전되는 거예요.

우리는 '영'이라고 부르지만, 일부 사회학자들은 이런 현상을 '감정'이라고 불러요. 감정도 영처럼 보이거나 잡히지 않고, 확인도 파악도 안되죠. 그래서 주류 사회학자들은 감정을 사회학의 대상으로 여기지 않는 경향이 있지만 최근에는 감정을 다루는 학자들도 나타났어요. 그럴싸한 이유를 댄다 해도 무언가 틀어지는 것은 사소한 감정이 어긋난 때문일 경우가 많은데, 지금은 특히 더 그런 것 같아요. 멋대로 분출된 감정이 돌아다니는데, 그것을 통제하는 기술은 부족한 것이 현실이죠. 그런데 그런 일로 누군가는 피해를 보고 있어요.

이성을 통제하는 기술은 꽤 많이 축적돼있어요. 많은 경우 제도가 그것을 관리하죠. 이성을 다해서 충분히 협의를 진행했는데도 결론이 나지 않으면 다수결로 정하고 거기에 따르는 것은 민주주의 사회의 운용원리죠. 그런데 종종 감정이 이성 뒤에 숨어서 관계나 협의를 어그러뜨리는 일이 많아요. 그 감정은 종종 은폐되어 있고, 우리는 감정을 관리하는 기술을 제도화하지 못했어요. 또, 사회는 감정에 솔직하기를 권하지만 정작 감정을 숨겨야 할 때가 많아요. 때로 거기에 실패해 스스로 무너지는 경우도 많고, 자기 자신에게조차 감정을 은폐하면서 스스로를 지키려 애쓰기도 해요.

아무튼 제가 말하고 싶은 것은, 감정이든 영이든 타인을 배려하지 않은 채 드러내거나 활용하는 것은 부적절하다는 거예요. 저는 그것을 '관리'라고 표현해요. 예컨대 방언은 소리로 하는 영적체험인데, 그것을 표현할 때는 타인을 배려해야 한다는 거예요. 바울은 고린도전서에서, 영적 은사들을 자랑하려는 사람에게 그 모든 것이 다 좋지만 제일 중요한 덕목은 '사랑'이라고 했어요. 이 사랑이란 문맥상 '타인을 배려하는 태도'라고 옮길 수 있어요. 어쨌든 우리 시대를 이렇게 영이 춤추는 시대라고 한다면, 그 영을 성찰하며 표현하는 게 중요해요.

이 기독교 신자를 자칭하는 사람들에게 제가 줄곧 묻고 싶은 것은 '당신 정말 예수님 믿습니까?'예요. 그럼 믿는다고 그러겠죠. 예수를 아느냐 물으면 안다고 하겠죠. 어떻게 아느냐고 물으면 성서 보고 안다고 하겠죠. 그렇다면 그 사람이 아는 예수는 성서가 말해주는 예수죠. 어떤 사람이 누군가를 소개해주면 그 사람을 안다고 할 수 있을까요? 자기가 겪어보지 않은 사람을 어떻게 알고, 어떻게 믿나요. 그건 말이 안되잖아요.

사람들은 예수를 믿는다고 생각하지만, 사실은 예수가 누군지 몰라요. 그들이 안다는 것은 성서에 나오는 예수, 성서의 필자들이 경험한 예수예요. 저는 젊은이들에게 그 사람들 빼고, 예수와 직접 만나보라는 이야기를 자꾸 해요. 해보면 돼요. 안된다고 생각할 필요 없어요. 예수는 사람을 차별하지 않아요. 자기만의 예수를 한번 만나보면 어떻게 살 것인지, 안고 있는 모든 문제의 답이 보여요. 그런 경험이 아니라 스스로 안다고 착각하면서 '이게 영이다'라고 생각하는 게, 말씀하신 것처럼 영을 가지고 노는 거예요. 제 마음대로, 때론 집단적으로 영을 가지고 놀다가, 그게 감정을 이용하기도 하죠.

감정이 없으면 사람이 아니라 돌멩이죠. 슬프고 기쁘고 화도 나야 사람이죠. 아궁이불하고 산불은 다른 게, 산불은 컨트롤이 안되는데 아궁이불은 내가 부릴 수 있잖아요. 감정은 내가 부릴 수 있어요. 감정에 놀아나지 않는 법을 지금부터 배우면, 사람들 우르르 몰리는 데 가서 소위 부화뇌동하지 않을 수 있죠.

에고가 영성을 이용하고 장난할 수 있지만, 또 그걸 겁낼 건 없다고 봐요. 어둠이 빛을 이길 수 없다는 건 사실이잖아요. 지금 이 방에 커튼을 쳐서 아주 깜깜한데 밖이 환하다고 합시다. 누군가 드릴로 이 커튼을 뚫는다 해도 이 방의 어둠이 저 환한 밖으로 새나가지는 않죠. 오히려 빛이 확 들어오죠. 빛은 있고, 어둠은 없는 거라서 그래요. 다들 없는 걸 있다고 착각하며 사는 거죠. 이 착각에서 벗어나는 게 눈뜨는 거라 생각해요. 이걸 한꺼번에 집단적으로 하려면 답답해요. 하나하나 눈뜨는 인간들이 많아지면, 그 숫자가 점점 늘어나면 어쩔 수 없이 전혀 다른 세상이 밝아오지 않을까요. 그래서 저는 기회만 있으면 이런 이야기를 하는 거고, 사람들이 한번 그 맛을 보면 옛날로 돌아가지 않을 거라고 생각해요.

김 자끄 데리다Jacques Derrida라는 철학자가 있어요. 한번은 미국 예일대학에서 이분을 초대했어요. 미국도 유럽에 열등감이 있다 보니 유럽의 지식을 끌어와 상품화하면 그게 미국사회와 전 세계를 휩쓸면서 미국이 세계를 지배하는 근거를 만들어내곤 했죠. 예일의 학자들은 데리다의 이야기를 '해체주의'라고 불렀어요.

그 해체주의가 미국 사회와 전 세계를 흔든 게 20세기 말부터 나타난 세계 지성사의 흐름이었죠. 그러다 90년대 초에 사회주의권이 몰락하고 프랜시스 후쿠야마Francis Fukuyama가 『역사의 종말(The End of History and the Last Man)』을 쓰면서 자본주의가 역사적으로 승리한 기획이고 사회주의는 실패한 기획이라는, 마르크스주의에 대한 심판론이 세계를 휩쓸었어요. 그때 세계적인 스타였던 데리다가 『마르크스주의의 유령들(Spectres de Marx)』이라는 책을 써요. 그래서 사람들은 이 사람이 마르크스주의에 대한 제사를 지내나보다 생각했어요. 유령은 어디서 와서 어디로 가는지도 모르고, 형체는 없는데 두려운 존재잖아요.

데리다는 사회주의 국가체제가 실패한 듯하지만 마르크스주의의 유령이 세계를 휘젓고 다니면서 자본가를 두렵게 하고, 세계에 폭력적 공포를 준다고 이야기했어요. 철학자들은 그걸 '유사 초월론'이라고 해요. 철학자들은 본래 종교적이지 않은데 그 세계에 종교가 들어온 거고, 종교적 해석을 하는 거죠. 제 식으로 말하자면 '영의 출몰'이에요. 영이 출몰하면서 기존의 제도, 질서, 담론, 성직자의 체제나 교의가 조롱당하고, 사람들은 교회나 성직자를 못 믿게 되었는데, 그런 것을 데리다는 '유령'이라고 표현한 거죠.

그러자 세계 학계가 유령에 대해 이야기하고, 신학자들도 가담해 옥스퍼드에서도 유령에 관한 신학서적이 나올 예정이라더군요. 그러니까 종교의 언어를 철학이 빌려갔고, 그것을 다시 종교가 철학에서 빌려와 사용한 거예요. 아무튼 이 세계의 부조리하지만 위세당당한 질서가, 형체도 없고 방향도 모르고 예측할 수도 없는 유령이라는 것 때문에 뒤흔들린다는 담론이 형성됐죠. 마치 종말론처럼요.

제 생각엔 목사님의 영론靈論과 마르크스주의자들의 유령론이 유사한 것 같아요. 저는 그런 담론들이 우리 시대에 균열을 일으키고, 사람들을 성찰하게 하고, 변화에 대한 꿈을 갖게 해주는 것 같거든요. 지금 목사님과 나누는 대화가 제게는 대책 없는 낙관주의로 느껴지거든요. 그런데 그 대책 없는 낙관주의가 '영'이라는 얼굴을 하고 있을 때는, 그것이 새로운 의미가 되기도 해요.

이 '문제'라는 것의 특징은 무언가 복잡하다는 거예요. 어떤 사건이 왜 생겨났는지 그 원인을 찾아가다보면 갈수록 혼란에 빠지게 돼요. 이유가 하도 많아서요. 문제는 복잡하지만 그걸 풀어가는 방법은 아주 간단한 데 있어요. 답은 아주 단순하고 문제는 아주 복잡해요.

예수나 노자 같은 인류의 스승에게는 어떤 문제를 가져와도 답이 있어요. 이런 분들이 지금도 살아계시다 상상해보면 어떨까요. 문제는 들여다볼수록 혼란스러워요. 거기에는 답이 없거든요. 때리는 사람한테는 답이 없어요. 그러니 그걸 안 보는 거예요. 그걸 외면한다는 뜻이 아니라, 보는데 거기 휘말리지 않는다는 뜻이죠. 그러면 답은 어디 있을까요. 누군가 그러더군요. '모세야말로 인류의 지도자라고 볼 수 있는데, 그 사람의 특징은 무능하다는 것이다.' 아무것도 할 수 있는 게 없다는 거죠. 그 사람은 문제가 생기면 하늘을 보면서 '어떻게 할까요?' 하고 묻기만 했어요. 홍해에 가로막힐 때도, 마실 물이 없을 때도 자기가 방법을 개발하지 않았죠. 이 무능이 바로 지도자라는 거예요. 바울이 '내가 약할수록 강하다'라고 했던 말도 비슷한 것 같아요.

대답은 너무 간단하고 쉬운 거예요. '손에 든 지팡이로 바위를 때려라' 같은, 누구나 할 수 있는 일이죠. 그러니까 그 답을 내가 찾으려는 게 아니라 하늘에 묻는 것, 그것이 영성의 주제고 본질이라고 생각해요. 하늘에 묻자, 영이신 하느님께 묻자는 거예요. 하늘에서 보면 내가 모르는 길을 내비게이션은 알잖아요. '그러니 계속 묻자', 이것이 영성의 기본이고, 그렇게 하면 내가 구체적으로 어떻게 해야 할지 답이 온다는 거예요. 답을 받으면 망설임 없이 그렇게 하면 되고요.

인류가 집단적으로 눈을 뜨고, 아까 말씀처럼 2차, 3차 물결이 오고, 착각에 의해 또 착각하는 일이 반복되면서 사람은 조금씩 커가는 것 같아요. 넘어지는 일을 겁낼 것은 없어요. 넘어져야 또 나아가죠. 그런 의미에서 저는 대책 없는 낙관주의라고 해도 좋아요. 세상을 위해서가 아니라 저 자신을 위해서요. 그래야 제 숨통이 트이거든요. 문제는 보면 볼수록 골치 아프고 답이 안 보여요. 하지만 '어떻게 할까요?' 하고 여쭤보면 '이렇게 해봐' 하고 답이 와요. 제가 알고 있는 답은 간단해요. '기도하고 사랑해라. 사랑하면 간단하다. 네 앞에 있는 사람을 지극정성으로 모셔라. 그거는 할 수 있잖니?'

김 고린도에서의 바울 얘기를 좀더 들려드릴게요. 제 생각에는 그게 목사님 말씀에 대한 저의 부연이 될 것 같아서요.

당시 고린도는 에게해와 이오니아해로 연결되는 항구가 두 개나 있는, 지중해 최대의 국제도시였어요. 바울은 이 도시를 새로운 본거지로 거의 2년 가까이 지내며 성공을 거두었죠. 문제는 고린도가 다인종에 혁신도 많고 복잡한 도시다보니 갈등도 많던 것 같아요. 그중 '영의 사람들'이라고 방언하는 여성들도 있었어요. 제가 여성이라고 특정하는 것은, 고린도전서에서 바울이 언급하는 몇몇 여성들의 문제가 방언과 결합된 것으로 보이기 때문이에요.

당시는 여성이 사회적으로 천대받았고, 공동체를 이끄는 지도자는 대개 집회 장소를 제공하는 중산층 또는 학력이나 신분이 높은 사람들이었어요. 신분이 높아도 지도자가 될 수 없고 공적 활동의 기회가 부족했던 여성들은 공동체에서 필요한 리더십이나 자질도 부족했죠. 바울이 주인과 노예, 유대인과 헬라인, 남자와 여자에 차별이 없다고 가르치니까 거기에 크게 호응하는 여성들이 나타났는데 이들이 방언을 하게 된 거예요. 방언은 알지 못하는 언어를 발성하는 소리의 효과잖아요. 음성학적이고 의미론적인 질서에 따른 언어가 아니라, 소리만 있고 의미가 없죠. 그런데 이것을 신이 나에게 들려주는 말이라고, 언어로 체험하는 경우가 나타난 거예요.

평범하던 아낙이 영험한 소리를 한다면서 한순간 중요 인물이 되고, 방언을 하는 순간 권력도 생겼죠. 그런데 이들이 공동체를 이끌어본 적이 없어 자기표현이 서투른 나머지 분란을 일으켰어요. 바울이 힘들여 만든 공동체에서 계속 싸움이 일어나는 커다란 원인이 바로 '영'이었어요. 그래서 바울은 모든 경험이 소중하지만 제일 중요한 것은 '사랑'이라고 말해요.

여기서 바울이 말한 사랑은 배려예요. 고린도전서 13장에 나오는 사랑은 남들의 다름을 인정하고 그것을 내 것으로 모시는 행동이잖아요. 바울이 생각하는 진짜 영은 스스로 우쭐해지는 게 아니라 바로 그것이었어요. 저도 방언을 한 적이 있었는데, 그 순간 내가 우월하고 이 체험이 너무 중요하다 싶으니까 다른 사람 말은 안 듣게 되더라고요. 방언도 언어라서, 방언하는 자와 듣는 자는 어떤 감정이나 영적 현상을 공유하게 돼요. 근데 그 신비한 은사가 제겐 주변 사람과의 소통을 막는 장치가 되어버린 거예요. 하지만 바울은 그것을 좀 다르게 신학화했어요. 종교적 영성은 사랑으로 완성되는 것이고, 사랑은 배려인 동시에 내 것을 내려놓는 일이라는 거죠. 제 생각에는 목사님이 말씀하시는 영이란 바로 이런 것이 아닐까 해서, 나름 부연해보았어요.

이 　군이 얘기하자면, 입이 여태껏 저 혼자 살아서 자기가 말한다고 생각하다가 어느 날 '내가 말하는 것이 아니네?' 하고 알게 되는 거죠. 그러면 누가 말하는 것인가? 거기에 '모르겠어, 나는 아니야'라고 말하는 게 영성에 눈뜨는 거라고 봐요. 사랑을 내가 한다는 건, 아직 아니라는 거예요. 착각이죠. 내가 뭔데 사랑을 하겠어요. 그건 여전히 내가 주인공이라는 거죠. 숨을 내가 쉰다고 착각하는 거예요. 숨이 나를 살게 하는 거거든요. 숨은 나를 제 맘대로 떠날 수도 있어요. 내가 붙잡을 수 있는 게 아니죠.

사랑의 주체는 '내'가 아니라 '사랑'이에요. 사랑이 나를 통해 자기를 살아가는 거예요. 군이 말한다면 '당신의 사랑이 나를 통해 이루어지길 바란다' 정도죠. 내가 막으면 저분도 못해요. 그러니 '저로 하여금 당신의 사랑을 막지 않게 해주십시오', 이 바람까지는 내가 할 수 있고, 또 해야 해요. 그분 앞에서 나를 완전히 비울 때, 그때 사랑은 나를 통해서 자기를 살아가는 거예요. 그게 정말 사랑이라고 생각해요. 감히 내가 사랑한다고 말할 수 없어요. 사랑뿐만 아니라 다른 것도 '나'라는 것이 앞서면 아직은 아니라는 거예요. 그게 제가 생각하는 영성이에요. 제가 조금 경험해보니까 감히 '내가 누군가를 사랑한다'는 말을 할 수 없다는 것을 알았어요.

김 자신의 경험이 대단하니까 그 깨달음을 전해주고 싶고, 사람들은 그것을 따르면서 '복음'이라고 생각하잖아요. 그런데 바울은 고린도서에서 '새끼손가락이 아프면 내 전체가 아프다. 아픈 그 무엇을 봐야 한다. 그게 사랑이다.'라고 말하거든요. 다른 사람의 아픔을 나의 아픔으로 읽는 것이 사랑이지, 내 말을 상대에게 강요하는 것은 사랑이 아니죠.

이 그 말을 조금만 바꾸면 내가 '읽을 때'가 아니라 '읽혀질 때'로, 여전히 '내가 한다'는 생각이 없어지는 거예요. 그게 나한테서 저절로 되는 거죠. 내가 '알 때'가 아니라 '알아질 때', 이렇게 수동태로 바뀌는 거예요. 능동적으로 이야기하면 내가 주인이 되지만 그게 아니라 나한테서 이루어지고, 알려지고, 보이는 거예요. 말로 하자면 그렇게밖에 할 수가 없어요. 그게 예수가 우리에게 보여주신 길이고, 기독교인이라면 누구든 '네가 해결하려 들지 말고 내게 물어봐, 내가 일러줄게' 하신 거예요.

제가 죽변교회에서 목회할 때 그걸 경험했어요. 한번은 두 신자가 아주 크게 싸웠는데, 제가 목회를 계속 할 거냐 말 거냐가 이 사람들을 화해시키느냐 못 시키느냐의 문제라고 생각했어요. 그때가 서른여섯이었죠. 화해하라고 말해봐도 소용 없길래 교인들 앞에서 그 두 사람 화해할 때까지 밥을 안 먹겠다고 선언했어요. 그날부터 물만 먹고 일주일을 굶는데 교인들 아무도 제게 관심이 없었어요. '내가 왜 굶는지 다들 알면서, 뭐 이런 교회가 있나!' 했어요. 그리고 다음 주일날 '나는 떠나겠다, 여기는 교회가 아니다, 내가 교회 일하러 왔는데 어떻게 이러느냐, 목사가 굶는다는데 궁금하지도 않냐!' 이렇게 말하고 보따리를 쌌어요. 그러자 싸운 신자가 전화로 "목사님, 정말 굶었소?" 하고 묻는 거예요. "목사가 설교 단상에서 하는 말을 그냥 해보는 말로 들었으면 제가 더는 여기 있을 이유가 없겠네요, 저는 갑니다." 이러고 다음날 새벽기도를 했어요. '예수님, 저 이제 서울로 가보겠습니다.' 그러자 예수님이 '왜 가나?' 하시기에 '모르십니까?' 그랬더니 아주 차가운 음성으로 '그래? 네가 그렇게 잘났나? 네 맘대로 해라. 대신 나하고 관계는 이제 그만하자. 그렇게 잘나서 네가 결정한다면, 어디 해봐라.' 하고 아주 싸늘했어요. 그제야 내가 무엇을 잘못했는지 알겠더라고요.

그분들이 싸웠다고 했을 때 저는 한 번도 그 문제로 기도하지 않았어요. 어떡할지 여쭤보지도 않았고, 밥을 굶겠다는 결정도

의논하지 않았어요. 내가 해결하겠다고 나선 거죠. 일주일동안 완벽하게 예수를 따돌렸어요. 그때서야 잘못했다고 막 빌었죠. '일주일동안 네가 문제를 해결하려고 한 바람에 나는 완전히 너로부터 소외당했다. 내가 간섭할 짬을 네가 주지 않았다. 그러면서 내 이야기를 한다고?' 그래서 용서해달라고 빌었어요. '그러면 어떡할래?' 하시기에 '교인들에게 사과하고, 교인들이 허락한다면 없었던 일로 하겠습니다. 그러니까 좀 풀어주세요.' 했죠. '네 딴에는 교인들 화해시키려고 밥 굶은 거 내가 안다. 이제 뭘 잘못했는지 알았으니 다시는 그러지 마라. 내가 교회에서 계속 따돌림 받고 있다. 잘난 사람들이, 자기들이 다 하겠대. 나한테 묻지도 않아. 다시는 그러지 마라.' 그래서 다시는 그런 잘못을 하지 않겠다고 다짐했어요. 그러자 그제야 저를 위로해주셨어요. '사람 싸우는 거, 나도 화해 못 시켰어. 내가 못한 거 네가 어떻게 하려고 하냐.' 그때, 제가 문제를 해결하러 여기 온 것이 아니라, 이 문제를 통해서 저분과 얼마나 가까워지느냐를 알기 위해서 왔다는 걸 알았어요. 그리고 이걸 사람들에게도 이야기해주고 싶다고 생각했죠.

김 이 주제에 관해 정리해보자면, 자신의 계산과 세계를 해석하는 능력과 그동안 쌓아온 경륜 같은 것들이 무너지는 순간, 의도치 않게 알 수 없는 무언가에 압도되는 그 순간에 타자와의 연결을 체험하게 된다는 것 아닐까 싶어요. 그의 아픔이 내 아픔이 되는 것은 일상적 체험이 아니라 불현듯 다가오는 일시적 체험인데, 저는 그런 것이 영을 체험하는 순간 같아요. 철학자들은 타인과 내가 연결되는 그 순간을 '환대'라고 하거든요. 그 환대의 순간이 영적 체험의 순간인 거죠. 일상에서는 환대의 어려움이 예측되잖아요. 그런 계산이 어느 순간 멈춰버리고 타인과 내가 연결되는 그 순간의 힘이 기존의 질서 속에서 불가능하다고 생각한 것들을 가능하게 하고, 우리 시대의 힘이 되지 않을까 생각해요.

이 동감이에요. 그게 눈을 뜨는 거고, 못 보던 걸 보는 거예요. 이 컵에 물이 담겨있어요. 누가 이 컵한테 '너는 누구냐?' 물어요. 이 안에 무엇이 담겨있는지 여기선 안 보여요. 그러면 '나는 컵이야' 하고 대답하겠죠. 바울은 이 컵 안을 들여다봤고, 그 안에 하느님의 영이 있다는 걸 알았어요. 그래서 '너는 하느님의 영이 거하는 성전이다. 네 몸은 하느님의 집이다.'라고 얘기한 거예요. '이건 물을 담은 컵이다.'라고 말한 것이 바울이에요.

그런데 예수는 '너는 누구냐?'라는 질문에 '나는 이 컵에 담긴 물이야' 하고 대답한 거예요. 컵마다 모양은 좀 다르지만 똑같은 물이에요. 이 사실에 눈을 뜨는 거죠. '아, 하느님이 이런 모양을 하고 있네. 똑같은 하느님이 저런 모양을 하고 있네.' 꿈에 본 내 아내가 사실은 나예요. 그때의 '나'는 이 겉모양이 아니라, 바로 우리가 말한 '영'이라는 거죠. 내 안에 영이 있다는 사실이 내가 컵이 아니라 컵에 담긴 물이라는 관점으로 바뀌는 거예요. 이게 바울이 "내가 사는 게 아니라 그리스도가 사셨네."라고 말한 거죠. '그리스도를 모신 나'가 아니라, '나라는 모양의 그리스도'라고 보는 거예요. 이게 영적으로 눈을 뜨는 거라고 봐요.

그렇게 되면 누군가를 '환대'하는 문제가 아니라, 그 사람이 바로 나죠. 그러니 그가 아프면 나도 아프고, 그가 행복하면 나도 행복한 거예요. 차츰차츰 이렇게 눈을 뜨는 사람이 늘어난다고 생각해보세요. 어떻게 절망합니까? 그러면 기후위기고 환경문제고 다 해결되지 않을까요. 물론 거기까지 가려면 많은 시행착오와 고통을 겪어야 될 거라고 봐요. 코로나든 무엇이든 두려워할 것이 아니라, 이것이 나에게 무엇을 주고 있는지 눈을 떠보자는 거예요. 저는 그런 시대가 밝아오고 있다고 봐요. '종교의 시대가 저물고 영성의 시대가 밝아온다'는 말에 함축된 뜻이 바로 그것 아닌가 싶어요.

죽음을 대하는 태도

김진호(이하 '김') 오늘의 주제는 죽음이에요. 세상에는 다양한 죽음이 있잖아요. 비자발적인 죽음도 있고 자발적인 죽음도 있고요. 교통사고처럼 내려놓을 틈도 없이 죽음을 맞이한 경우나 고문이나 전쟁으로 죽은 경우도 있는데, 그렇게 여러 죽음에 대한 이야기도 하면서 죽음에 대한 해석으로 내려놓음을 이야기하면 좋을 것 같아요.

이현주(이하 '이') 좋네요.

김 목사님이 젊을 때 군에서 목숨을 잃을 뻔 하셨다는 얘길 들었어요. 한 달 가까이 의식이 없으셨고, 이후로 한동안 말을 못하셨다는 것도 죽음과 비슷한 경험이었을 것 같아요. 죽음은 언제라도 올 수 있고, 사후세계는 아무도 모르니까 여러 해석이나 의미부여가 일어나는 것 같아요.

저는 문득 마가복음 5장의 거라사 광인 이야기가 떠올랐어요. 사람들은 그를 아주 포악하다고 기억해요. 마구 소리 지르고, 무덤 사이를 뛰어다니고, 묶어놓아도 풀어헤치고. 이스라엘 부유층은 동굴에 시신을 모셨다가 부패하고 나면 유골함으로 옮겼는데, 빈민층은 정해진 곳에 시신을 그냥 갖다버렸거든요. 그러면 동물들이 뜯어먹고 뼈도 다 흩어졌는데, 그런 곳에 사는 사람들은 신발도 없이 뼛조각에 발도 다쳤고요. 또, 이스라엘 사람들은 죽은 것을 터부시했는데, 이렇게 죽은 사람들의 공간

에 살았다는 것만으로도 굉장한 사연이었던 것 같아요. 사람들
은 거라사 광인을 두려워했지만 정작 이 사람도 사람들이 두려
워 소리 질렀을 것 같거든요. 왜 그는 죽은 사람들의 공간에 살
았을까, 궁금하고 상상력이 자극돼요. 우리 시대에도 거라사 광
인이 참 많은 것 같아서요.

이 사연은 제가 잘 모르겠어요. 상상은 가능하겠지만 별 의미가
없을 것 같아요. 선생님 말씀대로 양쪽 다 겁나서 그러는 거예
요. 사실은 그 친구가 먼저 두려움을 가지고 있었을 거예요. 제
가 볼 때 보통 두려움을 가진 사람이 할 수 있는 일은 두 가지
예요. 자기를 닫아 거는 일, 어둠 속에 자기를 가두는 거죠. 그
게 아니면 외부를 향해 폭력을 행사하고 소리 지르는 거고요.
그 두려움이 어디서 왔을까. 원인은 알 수 없지만 그건 소통이
안되어서 그런 것 같아요. 자기가 사람들로부터 동떨어졌다고

생각하는 거예요. 사람들이 내 말을 안 들어주고, 아무리 말을 해도 통하지 않고, 그들이 하는 말은 또 내가 못 알아듣고. 그런 단절감과 소외감이 극에 달하면 아, 나는 외톨이구나, 완전히 혼자구나 싶어서 두려움이 오는 게 아닌가 싶어요. 그렇게 보면 이 시대의 거라사 광인이, 두려워하는 사람들이 참 많죠. 두려움이 다가오면 둘 중 하나예요. 나를 닫아 걸든지 상대방을 치든지.

김 일종의 자기방어일 텐데, 목숨은 살아있지만 살아있는 건 아닌 거죠.

이 원래 사람이건 짐승이건, 우주의 모든 것들이 존재하는 것은 서로 연결돼있기 때문이에요. 이 손이 나에게서 떨어져나가면 더이상 손이 아닌 것처럼, 온 세상이 서로 연결되어있기 때문에 살아있을 수 있어요. 그런데 단절되었다고 착각하는 거죠. 저는 실제로 단절될 수 있는 존재는 없다고 봐요. 다같이 한 세상에 사니까요. 그러나 대낮에도 눈을 감아버리면 캄캄하다고 얘기할 수 있듯이 나는 외톨이라고 착각할 수 있어요. 나는 하느님의 아들이지만 죽어야 할 죄인이라고 생각할 수도 있듯이.
그러나 마을 사람들은 그 사람을 착각에서 빠져나오게 해줄 수 없어요. 똑같이 두려워하고 있으니까요. 이 문제를 풀 수 있는 사람은 두려움에 바탕을 둔 사람이 아니에요. 어떤 사람은 두려

움의 반대말이 사랑이라고 해요. 동감해요. 사랑은 자기를 열어
놓는 거잖아요. 자기를 열지 않으면 사람을 사랑할 수 없잖아요.
상대방이 무엇이든 분별하지 않고 받아들인다면 그것이 하느님
의 사랑이에요. 사람은 아직 거기까지 못가서 사랑한다고 하면
서도 담을 쌓지만, 무슨 일이 벌어져도 다 받아들이는 것을 하
느님의 사랑이라고 한다면 예수야말로 인간의 모양으로 그런
사랑을 보여준 상징이죠. 그런 사람을 만나면 해방되는 거예요.
간단하죠. 내가 단절되어 있다는 착각이 깨지면 현실을 알게 되
는 거죠.

김 착각이라고만 하면, 이 사람의 삶이 개인적인 오해 때문이라고
여길 수도 있지 않을까요.

이 개인적인 착각도 있고, 집단적인 착각도 있죠.

김 좀 비정상적이고 비일상적인, 사람들이 이해하기 어려운 방식
으로 살고 있는 거라사 광인은 어느 순간 자기조절 능력을 잃
어버린 게 아닌가 싶거든요. 사건들이 누적되면서 그 사건에 대
한 해석 능력을 상실한 거죠. 의학적으로 말하자면 정신질환에
걸린 거고요. 개인적인 선택이나 오해라는 말 속에는 '운명'이라
불리는 사회적 재난이 특정인에게 집약적으로 쏟아지면서 그
사람이 무너졌다는 뜻이 함축되어 있는 것 아닐까요.

이 그래서 기독교에서는 '원죄'라는 말을 쓰잖아요. 그 착각은 저
아담에서부터 끊임없이 내려온 거예요. 그것이 카인과 아벨에게
가서 형제를 죽이죠. 처음부터 공자님이 말씀하시는 '천명天命'
을 어긴 거예요. 인간에게는 하늘의 명을 어길 힘이 있어요. 그
래서 인간이죠. 곤충들은 하늘의 명을 어길 힘이 없어요. 그러
나 인간은 '선악과 먹지 말라고? 아니, 나는 먹을래!' 할 수 있는
힘이 있어요. 저는 그것도 인간의 위대한 점이라고 봐요. 나쁜
거라고 생각하지 않아요. 그래서 예수가 오신 거죠. 아담이 없
다면 예수도 의미 없으니까요. 거라사 사람을 하나의 상징으로
본다면 두려움이 가득한 사람, 마을 사람들도 모양은 좀 다르
지만 의미를 들여다보면 똑같은 착각 속에 사는 사람들이죠. 거
라사 사람이 멀쩡해졌다는 이야기는 그 착각이 깨졌다는 것으
로 이해할 수 있다고 봐요.

김 그 사람을 만났을 때, 예수님이 그 사람에게 이름이 뭐냐고 물
어보잖아요. 그 전에는 아무도 그 사람의 이름을 불러주지 않
았을 거예요. 우리는 일상에서 수많은 이름으로 불리며 살아가
지만, 그 사람은 자기 이름으로 불릴 기회를 어느 순간 잃어버
린 거예요. 사회에서 버려지면서 비자발적으로 자기 존재의 의
미도 내려놓아버린 거죠. 성서에서는 예수가 물었을 때도 그 사
람이 아니라 그 사람 안의 악령이 대답했다고 하잖아요. 너무
나 오랫동안 이름이 불려보지 못한 사람에게 이름을 물어주는

누군가가 나타났다는 것이 그 사람에겐 굉장히 의미 있는 순간이었을 것 같아요.

몇 년 전 한겨레신문에 「고스트 스토리(Ghost Story)」라는 연재 기사가 실렸어요. 인천의 어느 시립병원에서 무연고 사망자들을 찾아 그 사람들 이름을 하나하나 되찾아주고, 가능한 만큼 그 삶의 이야기를 복원해준 기사였어요. 그리고 기사 끝에 기자는 자신의 이름을 '수첩을 든 남자'라고 표기했어요. 그 기사는 아무도 기억하지 않는 무연고 사망자들의 죽음, 빈곤의 폭력 등에 관한 이야기였어요. 저는 예수님이 그 사람에게 이름을 물어본 일이 무연고 사망자들의 이름과 그들의 인생 이야기를 복원해준 일과 비슷하게 느껴졌어요. 잊힌 죽음을 기억하는 일에는 사회적인 의미가 있는 것 같아요.

이 저는 오히려 이렇게 묻고 싶어요. '왜 기억되어야 하나? 내 존재가 왜 사람들에게 기억되어야 하는가?' 사람들은 누군가 자기 이름을 기억해주기를 바라잖아요. 관광지에 가면 나무나 돌에도 이름이 새겨져 있지만, 저는 그 사람들이 누군지 몰라요. 이름을 새기는 마음은 이해가 돼요. 나라는 사람이 있었다는 것을 누가 좀 기억해달라는 거 아니겠어요? '호랑이는 가죽을 남기고, 사람은 이름을 남긴다'는 속담도 마찬가지죠. 도대체 이름이 뭔데 사람들이 기억해주기를 바랄까? 그러니까 죽음이 두려움으로 다가오는 것 아닐까?

사람들은 죽음이 잊히는 일, 이 세상에서 나라는 존재가 망각되는 것이라고 생각해요. 사실 죽음 자체를 겁낸다는 것은 말이 안되죠. 불에 데어본 사람은 불이 겁난다는 것을 알겠지만, 한번도 죽어본 적이 없는데 그게 뭔 줄 알고 겁내겠어요. 저도 아직 죽어보지 않아서 죽음이 뭔지 몰라요. 그러니 죽음을 두려워한다는 것은 논리적으로 말이 안되고, 사람들이 정말 두려워하는 것은 잊히는 것이라고 생각해요. 그런데 이건 착각 아닌가 싶어요. 내 이름이, 내 존재가 왜 사람들에게 기억되어야 하는가. 예수가 그런 것을 노리고 살았을까. 제가 보는 예수는 그렇지 않아요. 자신에게 주어진 그날그날을 충실하게 살았을 뿐이에요.

김 무연고 사망자들이 기억해달라고 외친 건 아니잖아요. 기억될 필요 없이 죽어간 사람들도 있고, 기억을 바라는 사람들도 있었겠죠. 그런데 이 기자의 관심은 우리가 어떤 사람들의 죽음을 망각했다는 사실에 있어요. 오래 전 정주영 씨가 죽고 보름 뒤에 한 남자가 죽었거든요. 공중전화부스 옆 쓰레기 더미에서 발견됐지만 아무도 그 사람을 기억하지 않았어요. 어떤 시인이 신문에 쓴 칼럼 덕에 그 사람의 죽음을 알게 됐죠. 정주영의 죽음은 온갖 이야기들로 기억되지만 이 사람의 죽음은 관심도 없었던 거예요. 우리는 그가 겪은 사회적 폭력이나 고통 등을 생각하지 않은 거죠.

이 기자라면 거기에 포인트를 두고 기사를 쓸 만해요. 우리가 그러고 있으니까요. 그건 그야말로 우리 인간들이 가진 한계예요. 한 사람 죽은 것에는 아주 난리고, 모르는 사람들이 이름 없이 죽어갈 때는 보지도 않죠. 이건 인간들의 착각이고 우리가 극복해야 할 과제라고 봐요. 그러나 근본적으로는 기억해야 한다는 생각 자체도 들여다볼 필요가 있다는 거예요.

김 우리가 어떤 죽음을 기억하지 않는다는 것은 유사한 죽음들이 또 일어날 수 있다는 의미잖아요. 기억하지 않는다는 것은 그 죽음을 경외하지 않는다는 뜻이고요. 저는 이런 죽음을 기억하는 일에 개인적 성찰뿐만 아니라 사회적 성찰도 필요하다고 봐요.

이 죽음을 생각하는 것은 좋은데, 아무리 생각해도 '이것이 죽음이다'라고 답을 낼 수 있는 사람은 없어요. 그냥 짐작할 뿐이죠. 짐작은 얼마든 가능하지만 그것이 구체적으로 내 삶에는 별 영향을 못 미쳐요. 사실 도움도 안되고 오히려 겁만 주죠. 저는 '죽음이 무엇인가?'라는 질문보다는 차라리 '과연 죽음이란 게 있는가?'라는 질문이 필요할 것 같아요. 죽는다는 것 자체가 착각이 아닐까?

아까 말했듯이 사람들은 죽음 자체보다 자신이 잊힌다는 사실이 싫은 거예요. 자신을 기억해주길 바라는 거죠. '나를 잊지 말아다오' 이렇게들 말하잖아요. 그것 자체가 내가 전체로부터 동떨어져나가 소외당한다는 두려움이 나타난 것 아닌가 싶어요. 죽음을 어떻게 맞이하겠다는 생각은 참 건설적이라고 봐요. 누구나 그렇게 할 필요가 있죠. 그러나 오늘 하루 어떻게 살아갈 것인가, 그 삶을 위해서 죽음을 이야기하는 것이지 죽음 자체를 위해서 살아가는 것은 아니라고 생각해요.

사실 저는 살아있다는 게 무엇인지도 몰라요. 모른다고 봐야 해요. 그 역시도 죽어보지 않았기 때문이에요. 죽은 후에도 내 의식이 살아있다면 '아, 죽는다는 게 이런 거구나, 그러니 산다는 것은 그런 거였구나!' 하고 알게 될 것 같아요.

아메리칸 인디언 부족에 전해오는 말 중에 '네 죽음을 네 오른쪽 어깨에 메고 살라'는 말이 있대요. 자기 송장을 메고 살라는 이야기죠. '어떤 어려운 일이든 그 친구하고 상의하면 제대로 된 선택을 할 수 있을 것이다.' 아주 현명하고 지혜로운 생각 같아요. 어떤 일을 당했을 때 자신의 죽음을 생각하면 어떻게 처신해야 할 것인지 분명해진다는 말이죠.

사람이 늘 자기 죽음을 의식하고 사는 것은 참 좋다고 봐요. 우리가 죽음이라는 주제로 이야기할 수 있다면 그 정도일 뿐, 죽음이 무엇인지에 대해서는 이야기 할 수 없다고 생각해요. 죽어본 사람조차도 '이것이 죽음이구나' 하고 느낄 수는 있지만 그것을 설명할 말은 없을 거예요. 그걸 누가 알아 듣겠어요.

저는 목사지만 예수의 부활에 대해서 아는 것이 없어요. 예수가 어떻게 부활했는지도 모르고, 부활이 무엇인지도 잘 몰라요. 내가 부활해보지 않았기 때문에 안다고 말한다면 그건 내 생각일 뿐, 실제로는 모르죠. 우리가 지금 이렇게 살고 있지만, 이 삶이 무엇인지는 죽어본 뒤에나 알 수 있어요. 그러니 죽고 나면 산다는 게 무엇인지, 또 죽는다는 게 무엇인지 다 알게 되겠죠. ㅎㅎ

그러니까 이 죽음이라는 명제가 내 삶에 활력과 보람이 되는 방법은 무엇일까, 이런 쪽으로 생각하면 건설적이지 않을까요. 죽음이란 게 터무니없다는 사실을 안다면, 죽음이 겁나지 않는다면 세상 무엇이 겁나겠어요. 아무도 그 사람을 겁줄 수 없을 거예요. 실제로 그런 사람이 될 수 있어요. 예수 같은 사람이 어디 한둘뿐이겠어요.

김 죽음을 겁내지 않는다는 것은 뭘까요?

이 겁낼 이유가 없다는 사실을 알게 되는 것이죠. 언제 죽어도 좋을 만큼 아쉬움이 없는 것. 일본의 사무라이가 어느 스님에게 '나는 눈 하나 깜짝 않고 죽일 수 있는 사람이다.'라고 하니까 스님이 '당신은 나를 모르는 모르는군, 나는 눈 하나 깜짝 않고 죽을 수 있는 사람이다.'라고 답했대요. 사무라이는 스님을 못 이겨요. 이순신 같은 사람이 죽음을 두려워했다면 배 열두 척으로 전장에 못 나갔겠죠.

김 그건 아름다운 이야기지만, 무서운 이야기도 있잖아요. 죽음을 두려워하지 않으니까 어떤 일도 할 수 있다고 할 때, 그 일이 무엇이냐에 따라 다를 수 있잖아요. 움베르토 에코Umberto Eco 가 『장미의 이름(Il nome della rosa)』에서 하고 싶었던 말이 바로 그것 같아요. '진리를 위해서 죽을 수 있는 사람을 조심하라. 그 사람은 자신뿐만 아니라 남도 죽인다.' 사무라이는 죽일 수 있고, 스님은 죽을 수 있다고 나뉘는 것 같지만, 사실은 그게 다 얽혀있죠. 죽음을 두려워하지 않는다는 것이 삶을 관리하는 굉장히 멋진 태도일 수도 있지만, 오히려 무서운 태도일 수도 있거든요.

이 그때 이야기하는 죽음은 자살 같은 것이 아니라, 내가 죽임을 당하는 것이죠. 예수의 십자가도 사실은 스스로 죽은 게 아니라 죽임을 당한 거였죠. 그러나 그분은 겁내지 않았어요. 그것 때문에 지금 가야 할 길을 망설이지는 않겠다는 거였어요. 사람들이 지금 예루살렘으로 가면 죽는다고 했을 때 '죽이려면 죽여라, 나는 가야 할 길이 있으니 가겠다'고 했죠. 그렇게 죽음조차 두렵지 않은 가치, 어떤 일이 있어도 양보할 수 없는 길을 발견한 사람만이 죽음을 두려워하지 않을 것 같아요. 말씀하신 것처럼 죽음을 겁내지 않는 자들이 별 짓을 다 하죠. ㅎㅎ

김 그러니까 역설적으로 죽음이 두려운 사람이어야 다른 죽음도 가치 있게 볼 수 있는 것 아닐까요. 우리가 의인이라 부르는 사람 중에는 테러리스트도 있잖아요. 어떤 사회에서는 의인이고, 다른 사회에서는 테러리스트가 되죠. 죽음을 겁내지 않는다는 것은 자기 행동에 대해 고민하지 않는다는 뜻일 수도 있잖아요. 죽음을 겁내지 않는 태도가 멋질 수도 있지만, 무서울 수도 있기 때문에 죽음을 해석한다는 건 참 복잡하고 어려운 문제 같아요. 특히나 격정적인 시대에는 죽음을 겁내지 않은 사람들이 대단한 역할을 해내기도 하잖아요. 죽음에 대해 회의하고 고통에 대해 고민하는 사람보다는, 물불 안 가리고 자기 진실을 위해 싸우겠다고 나서는 사람들이 큰일을 하기도 하죠. 죽음에 직면해 어떻게 살겠다는 말은 여러 의미가 복합된 것이라 어느 쪽이 더 낫다고 말하기는 어렵겠다 싶어요.

이 맞아요. 아주 중요한 이야기를 하신 것 같아요. '이건 내가 해야 돼, 그렇기 때문에 나는 죽어도 좋아' 이런 생각에 저는 동의가 안돼요. 예수님이 자청해서 십자가의 길을 간 건 아니라고 봐요. 처음에는 이 쓴 잔을 거두어달라고 했어요. 용감하게 이 십자가를 지고 가겠다는 자세는 아니었죠. 사실은 안 죽었으면 좋겠다는 속셈이 있었어요. 그런데도 그 길을 갔죠. '아버지, 저는 당신이 시키는 대로 하겠습니다. 제 생각대로 살지 않겠다는 것이 저의 생각입니다. 이 길을 가는 것은 제가 용감무쌍해서가 아니라, 아버지한테 끌려가거나 등 떠밀려 가는 겁니다.' 하는 식으로, 말하자면 아주 수동적인 거였어요. 그런 사람이 죽음을 겁내지 않는 것과, 자기가 능동적으로 무슨 일을 만들려 하면서 죽음을 겁내지 않는 것에는 차이가 있다고 생각해요.

내가 무언가를 하기 위해 죽을 수도 있다는 생각은 아주 간교한 속임수일 수 있고, 오히려 세상을 더 힘들게 하고 자신과 남을 망하게 할 수도 있다고 생각해요. 정말 겸손해야 하는 거죠. 윤동주가 말했듯이 '주어진 길을 그냥 가는 거'예요. 내 길을 내가 만들어 가는 것이 아니라, 누가 나에게 준 길을 가는 거죠. 기독교식으로 말하자면 '하느님이 주신 길'이죠. 그것이 바로 '순명順命'이에요. 내가 무언가를 적극적으로 하는 것이 아니라 따라가는 것이라는 뜻이죠. 그런 사람이 죽음을 겁내지 않는다는 것은 자기에게 주어진 길을 포기하지 않는다는 말 아니에요?

김 저는 자꾸 좀 복잡해지는데요. 예수님이 자신에게 주어진 운명을 수동적으로 받아들였고, 그런 면에서 그의 죽음은 위험하지 않았다는 말은 사후에 그 죽음을 해석한 결과잖아요. 실제 그분이 어떤 마음으로 죽음을 맞이했는지 우리는 모르죠. 어떤 죽음이 위험한지 아닌지는 언제나 사후의 해석이고, 당사자가 그것을 해석하는 일은 적절하지 않은 것 같아요. 당사자는 자기 현실과 의지가 결합되면서 삶과 죽음을 선택하거나, 혹은 아무것도 선택하지 않은 채로 죽는 일이 벌어지는 거잖아요. 사람이 자기 죽음을 생각하면서 어떻게 살 것인지 고민하는 것은 필요하지만, 그 또한 정신적 자산이 있는 사람들한테나 가능한 일이에요. 그런 자산이 거덜난 상태에서 죽어가는 사람들이 많아요.

우리나라는 자살률이 세계적으로 높고, 대부분 빈곤형 자살이에요. 충동적으로 결행해서 실패하는 경우도 많고요. 자살이 성공하는 것은 우울증이나 정신적 환각 상태에서, 보통 삶과 죽음의 경계가 사라졌을 때 결행한 경우가 많다더군요. 죽기로 결심하고 실행해도 막상 두려움 때문에 실패하는 경우가 많은 거죠. 목사님 말씀처럼 정신적 자산이 있는 사람들이 고려하는 죽음과 달리 그렇지 못한 죽음이 훨씬 더 많아요. 죽음이란 살아있는 사람들이 해석하고 평가해서 자기 삶에 어떻게 적용할 것인가 고민하는 것이잖아요. 제가 민중신학을 해서 그런지, 그렇게 정신적 자산이 다 털려버린 사람들의 죽음에 대해 더 고민하고 이야기해야 하는 것 아닌가 싶어요.

이 그것 또한, 그렇게 죽어간 사람들을 우리가 어떻게 볼 것이냐 하는 것 또한 우리의 해석이나 눈이잖아요. 이야기를 나누는 것밖에는 할 수 있는 일이 없어요. 그 사람의 죽음에 대해 우리가 손댈 여지가 없죠. 유명한 사람이 떠나면 아주 떠들썩하고, 이름이 알려지지 않은 사람이 떠나면 묻혀버리는 건 좀 웃기는 세상이죠.

어떤 사람은 후대에 기억되기를 바라는 마음 같은 것 전혀 없이 살았는데 오히려 나중 사람들이 더 기억해요. 자기를 기억해달라면서 아주 이상한 짓 하는 사람들은 금방 사라지고, 자기 이름 내세우지 않고 그냥 살아갔을 뿐인데 그 사람은 기억된다는 말이죠. 왜 그런 아이러니가 벌어지는지 생각해보면, 결국은 어떻게 살았느냐의 문제 같아요. 그 사람의 죽음을 결정하는 것은 그 사람의 삶이죠. 어떻게 살았는지가 그 사람 죽음의 모양을 만든다는 말이죠.

그래서 우리가 죽음을 통해 삶으로 초점을 맞춰야 한다고 봐요. 어떻게 살 것인가. 예수도 삼년 채 안되는 짧은 기간 겨우 삼사십 명이랑 살았잖아요. 그런데 온 세상 사람들이 그를 기억하는 것은 왜일까요? 예수 당시에도 수많은 사람들이 살다 죽었는데 그들은 지금 이름도 없어요. 예수는 아직 살아있고요. 이것을 결정하는 것은 바로 삶이란 말이죠. 어떻게 살았느냐. 그래서 우리가 죽음을 이야기할 때 그 초점이 삶이어야 하고, 오늘 하

루 내가 어떻게 살 것인가를 고민하는 계기가 되었으면 좋겠어
요. 죽음이 무엇인지 관념적으로 설명하는 것은 의미가 없다고
봐요. 누가 설명하든 그건 짐작일 뿐이에요.

그러면 어떤 사람이 대체 어떻게 살았길래 뒷사람들이 그를 기
억할까요? 제 생각에는 이거예요. '거 유별나게 살았다!' 그 사
람은 평범하게 살지 않았어요. 사람들 대부분 에고라는 틀을 벗
어나지 못하고, 그 안에서 '나'를 중심으로 살잖아요. 에고가 충
족되면 잠깐 기뻐하다가 잃어버리면 낙심하죠. 그런데 예수에
게는 그런 게 없었죠. 자기 자신이나 자기 이름을 위해서 무언
가를 한 것 같지 않아요. 병으로 힘들어하는 사람 있으면 도와
주고, 그것도 적극적으로 나서서 하지는 않았어요. 어디 가서
병든 사람 모두 모이라고 한 적 없어요. 겨우 찾아오거나 누가
데려다주면 마지못해 고쳐주고, 그런 뒤에도 '내'가 고쳤다고
하지 않아요. '당신 믿음이 당신을 고친 겁니다. 착각하지 마시
오.' 이렇게 말해요. 그리고 자신을 죽이려는 사람들도 미워하
거나 해코지하지 않고 '저 사람들 벌주지 마시오', 이렇게 말한
단 말이죠. 참 유별나요. 보통 사람들과 너무 달라서 사람들이
기억하는 것 아닌가 싶어요. 노자가 말한 대로 '공을 이루고 그
공을 내가 차지하지 않는다', 그래서 사람들이 기억하는 것 아
닐까요.

그런데 많은 사람들이 요만한 일을 하고는 자기가 했다고 생각
하고, 그것을 알아주면 좋아하고 안 알아주면 화를 내죠. 그렇

게 살다 가는 사람을 기억하는 건 아무 의미가 없죠. 그러니 이왕 사는 것, 다들 가는 길 따라가지 말고 좀 유별나게 사는 법도 생각해보면 좋겠다는 거예요. 그것을 저 나름대로는 '좁은 길'이라고 생각해요. 예수가 그렇게 사셨고요.

김 지금까지 죽음이 기억되는 것에 관해 이야기했는데, 목사님과 저는 공감하는 것이 많으면서도 조금 다른 죽음을 이야기하고 싶은 듯하네요. 이번엔 반대로, 기억되고 싶지 않은 죽음에 대해 얘기해보면 어떨까요. 잊히고 싶어서 죽는 사람도 있잖아요. 많은 자살자들이 잊히고 싶어서, 잊힐 권리가 필요해서 죽잖아요. 당장 코앞에 닥친 미래를 잊고 싶어서 죽기도 하고요. 예전에 일본에서 아주 인기 있는 한국 연예인이 있었어요. 이 사람은 입었던 옷과 신발, 방문한 장소 하나하나 다 기억되는 사람이었어요. 연예인에게는 삶의 모든 것이 하나의 마케팅인데 심지어 죽음조차 그렇더라고요. 이 사람이 일거수일투족을 감시받듯이 모두에게 샅샅이 기억되는 삶에서 벗어나려고 죽음을 택한 거라면, 그 죽음은 실패한 것이죠. 죽은 뒤에도 이 사람의 이야기는 온갖 상상력으로 부풀려져 회자됐거든요. 해마다 기일이면 일본 단체관광객들이 한국으로 와서 이 사람의 흔적을 돌아보며 기념하곤 했어요. 그것을 회사가 마케팅하기도 했고요. 이렇게 잊힐 수 없는 경우라면 어떻게 해야 할까요?

이 세상이 원하는 대로 다 되나요? 원래 그런 세상인데. 거기에 관계없이 살아가는 게 자유인이라고 봐요. 잊히고 싶다는 생각이나 잊히고 싶지 않다는 생각이나 같은 마음이에요. 그건 '나'에 대한 관심이죠. 나를 잊어주기를 바라는 거나 나를 기억해주기를 바라는 거나 본질은 같아요. 그런데 예수 같은 사람은 '나'라는 것 자체가, 그런 마음이 없었어요. '내가 하는 말은 다 아버지가 전하라고 하신 것뿐입니다' 그러셨죠. 마더 테레사 같은 사람은 "나는 하느님 손에 잡힌 몽당연필이다" 이렇게 말했잖아요. '자아'라는 게 없는 거예요. 나 없이 저분이 글씨도 못 쓰고, 그림도 못 그린다는 사실을 알고는 있어요. 그래서 내가 대단한 존재라는 사실은 맞지만, 글을 쓰거나 그림을 그리는 존재는 내가 아니며, 내가 하는 일은 아무것도 없다는 사실을 알고 살아갈 뿐이죠. 그러니 기억을 하건 말건 아무 의미도 없는 거예요. 나는 그분의 손에 잡힌 연필로, 그분의 그림 도구가 되는 것으로 충분하다는 거죠. 이것은 마더 테레사 뿐만 아니라 루미Rumi도 했던 말이에요. '내가 하느님의 뜻을 안다는 것은 내 발바닥이 내가 어디로 가는지를 알고 있다는 것과 비슷하다', 이런 말을 했어요.

'무슨 일이 일어날지는 몰라도 아버지의 뜻이 이루어지길 바라는 마음 하나만큼은 양보할 수 없다는 생각으로 살아가면서, 아버지가 나를 통해 이런 일을 하시는구나 하는 것만 깨어서 알아차리면 된다', 뭐 이런 얘기를 간디Gandhi 선생도 했더라고요.

그분은 이 세상 살아가는 동안 하느님의 '심부름꾼'으로 살고 싶다고 했어요. 심부름꾼은 하느님을 대신하는 존재니까 굉장히 중요하죠. 제가 볼 땐 인간들이 자기가 얼마나 소중한 존재인지를 몰라서 탈이에요. 자기를 함부로 대하죠. 그리고 동시에 자기가 아무것도 아니라는 사실을 몰라요. 내가 할 수 있는 것이 아무것도 없다는 사실. 이 양 극단을 한 줄로 잡고 살아가는 사람들이 바로 예수나 간디 같은 분들인데, 그들에게는 죽음이 문제되지 않는다고 할 수 있죠. 그러니 언제 죽어도 좋다는 마음으로 살 수 있지 않았을까요. 그 길을 걸을 수 있는 선택권은 누구에게든 있다고 봐요.

김 원리라는 차원에서 보면 잊힐 권리가 필요해 일어난 죽음이나 망각되어서 일어난 죽음들이 결국은 하나일 수도 있겠지만, 사회적 성찰의 관점에서 보면 디테일이 좀 다른 것 같아요. 이를테면 누군가를 망각했다는 사실에는 사회적 폭력이 있죠. 누군가를 기억한다는 것도 폭력이 될 수 있고요. 이런 일이 더 생기지 않게 하려면 사회적 성찰이 필요하잖아요. 망각도 기억도 누군가에게 폭력이 될 수 있다는 사실을 직면하지 않으면 우리가 그 죽음을 성찰할 수 없다는 거예요. 나도 모르는 사이 누군가를 망각하거나 기억하면서 그 폭력에 가담하고 있는지도 모르잖아요. 그래서 타인의 죽음에 대해 우리가 성찰할 필요가 있는 것 같아요.

이 무슨 말씀인지 알겠어요. 동감해요. 그러나 제가 그 문제를 어떻게 풀어가야 하는지는 모르겠어요.

김 저도 모르지만 그냥 문제를 제기하고 고발해보자는 거예요.

이 누군가의 죽음을 아무렇지 않게 지나칠 것도 아니지만, 너무 매달릴 것도 아니라고 생각해요. 누구의 죽음도 함부로 다루어지지 않도록 하는 제도가 필요할 것 같기는 해요.

김 그러려면 우리가 누군가의 고통을 잊지 않는 것이 중요할 것 같아요. 그들의 고통을 고발하고, 적절한 정책을 만들고, 구체적으로 활동할 수 있도록 문제제기하는 사람들도 필요하잖아요. 그리고 기억된다는 것의 폭력에 대해서도 문제제기를 하고 싶어요.

이 지금 이 대화를 읽는 한 사람이라도 지나치게 누구를 기억해서 괴롭히거나 너무 망각하지 말자고 생각한다면 좋지 않을까요. 언젠가는 다들 죽을 거잖아요. 죽음이 임박해서는 죽음에 대해 생각하기 어려워요. 아직 죽을 때가 멀었다 싶을 때 미리 생각하고 이야기할 필요가 있다고 봐요. 죽음 자체를 터부시하는 사회 풍조는 좀 개선되어야 할 것 같아요. 제가 어렸을 때만 해도 다들 집에서 돌아가셨고, 식구들이 모여서 숨 거두시는 것도 봤죠. 저도 저희 아버지 돌아가시는 걸 눈으로 봤어요. 시신을 만지면서 '아, 이렇게 사람이 떠나는구나' 느껴보기도 했고요. 우리 선조들은 죽음 자체를 요즘 사람들처럼 두려워하지는 않았던 것 같아요. 죽음도 일상적인 것이었죠. 요즘은 병원이 아니라 집에서 돌아가시면 형사가 와서 조사를 한다는데, 세상이 참 많이 달라졌구나 싶어요. 어쨌거나 죽음 자체는 누구나 겪는 일인데 지레 짐작으로 겁내지 말고, 어떻게 하면 죽음을 잘 받아들일 수 있을지 먼저 돌아가신 분들을 보며 공부하는 풍조가 좀 있었으면 좋겠어요.

김 이제는 과학이 죽음을 판정하잖아요. 뇌파가 정지되어야 죽음이라고 하거든요. 그런데 그렇게 되면서 살아있는 사람들이나 가족들이 그 죽음을 애도할 기회를 막아버리는 경우가 많아요. 어떤 분의 딸이 돌연사했어요. 젊고 영리한 딸을 잃고 상심이 큰 차에 부인의 권유로 교회에 나갔고, 목사의 추천으로 욥기를 읽었대요. 그분에게는 욥기를 읽는 일이 딸을 떠나보내는 의식이었던 거죠. 욥기는 운명적 죽음에 대한 해석인데, 저 개인적으로는 그런 해석에 불만이 있어서 저는 그분께 별 위로가 되어드리지 못했어요.

욥기는 중간의 운문과 전후의 산문으로 구성되어 있는데, 운문은 굉장히 지적이고 성찰적이면서 복잡한 구조고, 산문은 약간 통속적인 이야기예요. 처음 운문 파트가 생기고 나중에 산문 파트가 덧붙으면서 통속적인 소설이 되어버린 거죠. 제 사견으로 운문 파트는 기원전 3세기 헬레니즘 문화와 잘 어우러지는 것 같아요. 그때가 이집트의 헬레니즘 국가가 팔레스티나를 지배하던 시대인데, 지중해 전체가 경제적으로 굉장히 풍요롭고 새로운 부유층이 등장하던 시기였어요. 글을 읽을 수 있는 사람들이 크게 늘었고 문자혁명이 일어나, 문헌을 보관하고 유통하는 시스템도 발달하고, 글을 대신 써주는 필사자나 억울한 일을 대변해주는 직업 등 다양한 전문직이 생겨나던 시기였죠. 그때 팔레스티나에 '지혜자'라는 사람들이 나타나 '지혜문서'라는 것을 쓰기 전까지는 왕립 서기관들이 국가 이데올로기를 반영한 왕립문서를 작성했는데, 이제 민간 서기관들이 개인적인 죽음이나 고통에 대해 기록하게 된 거예요.

이 재밌다. ㅎㅎ

김 지금의 시선으로 보면 원시적이랄 수도 있지만, 당시는 굉장히 역동적으로 변화하던 때였어요. 부를 축적하는 사람도 있었지만 몰락하는 사람도 있었죠. 전도서를 보면 '헛되다'는 표현들이 숱하게 쓰이죠. 그때 이런 현상을 해석하는 사람들이 등장한 거예요. 욥기도, 그런 일이 '불경의 죄' 때문이라 해석하는 사람과 그냥 욥이 재수가 없어 닥친 일이라고 해석하는 사람 사이에 논쟁이 벌어지기도 했어요. 둘 다 문제가 있고, 둘 다 일리도 있죠. 그러나 이 복잡하고 철학적인 텍스트에 산문으로 된 서문과 결론이 덧붙으면서 통속소설이 되어버렸어요. 그 이야기는 대중에게 굉장한 인기를 얻었고, 그 인기 덕분에 정전에 포함된 것 같아요.

이 이야기는 느닷없이 닥친 재앙을 어떻게 할 것인가 하는 문제예요. 뭔가 잘못했으니까 그렇게 된 것이라는 인과론도 있고, 억울하고 일방적인 희생이라는 견해도 있겠죠. 하지만 저는 이게 당사자와 상관없이 신이 벌인 장난 아닌가, 그런 비뚤어진 신학이 당시 통용되고 있었다고 생각해요. 그 장난 때문에 누군가는 죽을 만큼 고통스럽고, 자식과 종들과 가축이 모두 죽었어요. 이게 그냥 소설이면 몰라도 성서 안에 그런 신학적 인식이 들어온 것이라면 문제라고 봐요. 죽음 앞에 선 사람의 절절한 고통과 외침이 통속적인 이야기에 묻혀버린 것이죠. 신은 모든 것을 다 알았고, 이 사람은 그 안에서 자기 역할을 연기한 것밖에 안되는 거예요. 욥기는 신학적인 죽음을 너무 통속적으로 만들어버렸어요. 그래서 저는 딸의 죽음에 직면해서 욥기를 읽는 그분께 위로를 드릴 수가 없었어요. 그분에게는 위로가 필요했을 수도 있는데.

이 아마 그 목사님도 딱히 할 말이 없으니까 욥기를 읽어보라고 하신 걸 거예요. 나만 힘든 게 아니라 다른 사람도 있다더라, 나만 자식 앞세운 게 아니라 옛날에도 이런 사람 있었네, 그 정도도 위로가 될 수 있거든요. 나하고 같은 일을 겪은 사람을 보면 위로받을 수 있어요. 그런데 선생님은 그분께 위로를 드릴 수 없어요. 그런 경험이 없으니까요. 사실은 입도 뻥끗할 자격이 없는 거예요. 그래서 그 목사님도 욥기를 소개하신 게 아닌가 싶은데요. 결국 그 문제는 자기가 안고 씨름해야 하는 거죠. 혹시라도 그분에게 힘이 되어줄 수 있는 사람이 있다면 그건 똑같은 일을 겪은 사람이에요. 사랑하는 딸이 아무 이유 없이 갑자기 세상을 떠난, 그런 일을 겪은 사람은 옆에 가만히 있어주기만 해도 돼요. 그냥 그 사람을 보기만 해도 위로가 되거든요. 그런 의미에서 욥기가 사람들에게 위로는 될 수 있겠지만 아무에게나 그런 건 아니에요. 욥처럼 망해보지 않은 사람은 욥기 읽어봤자 아무 의미 없어요. 폭삭 망한 사람이 저걸 읽으면 아무리 소설이라 해도 거기서 희망을 얻을 거라고 봐요.

살아가다 보면 영문을 알 수 없는 일이 일어나잖아요. 누구도 이 일이 왜 일어났는지, 언제부터 시작되었는지 몰라요. 다만 이런 현실이 일어났다는 사실을 받아들이고, 여기서 내가 어떻게 할 것인지는 고민할 수 있는 거죠. 죽음이 왜, 어떻게 오는지는 모르지만 지금 살아있으니까 할 수 있는 일이 있는 거죠. 언젠가 중학생 아이 하나가 존재의 이유가 뭐냐고 묻더라고요. 그래서 "아직 안 죽고 살아 있으니까 살아야지 뭐 어쩌겠나?" 그랬어요. 정말이에요. 내가 살아야겠다는 마음이 있다고 살아지나요? 혹시라도 죽음은 내가 선택할 수 있어요. '더 안 살래, 고만 살래' 결심하고 실천할 수 있지만 '안 죽을래, 더 살래' 이건 불가능해요. 이건 선택사항이 아니에요. 그게 참 미스터리죠. 내가 사는 이유는 아직 안 죽었으니까 살아있는 거예요. 그러니까 내 고민은 왜 사느냐가 아니라, 어떻게 사느냐예요. 그런 의미로 그 아이가 제게 물은 거라면 "나는 하느님 뜻이 나에게서 이루어지기를 바라는 마음으로 여기 있다."라고 대답한 적이 있어요. 정말 죽음이 있는지 묻는다면 그렇다고 증명할 만한 것이 없어요. 예수 말씀에 따르면 '있다고도 할 수 있고, 없다고도 할 수 있다'는 것이죠. 여기 가서는 있다고 하시고 저기 가서는 없다고 하시고, 사실은 두 말이 전부 맞아요. 이렇게 보면 있고, 저렇게 보면 없는 거죠. 그런데 삶이라는 것은 내가 선택했다기보다 그야말로 주어진 것인데, 그러면 어떻게 살 것인가는 내가 선택해야 한다는 거예요. 그래서 죽음에 대한 이야기가 어떻게 살아가면 좋겠다는 이야기로 바뀌면 좋겠어요. 그 역도 마찬가지고요. 그렇게 깨달은 게 있다면, 저는 그게 성서에 들어갈 만한 문서라고 생각해요.

김 성서에서 욥이 괴로움을 토로하던 그 시간은 어찌 보면 지우고 싶은 것이잖아요. 일어나지 않았으면 하는 상황들이 닥쳐오고, 자신은 손쓸 수도 없죠. 그 순간의 삶은 죽음과도 같잖아요.

이 '죽지 못해 산다'는 말이 있는데, 저는 그런 말은 하고 싶지 않아요. 그 말은 지금 죽고 싶은데 살아있다는 말이잖아요. 그건 지금 내 삶이 아주 비참하단 얘기인데, 그렇게 생각하면 정말로 비참해져요.

제가 110세 넘은 어르신을 한번 만난 적이 있어요. 좌중에서 가장 나이가 많은 분이었어요. 그분이 평소 제일 많이 받는 질문이 장수의 비결이래요. 그래서 이렇게 대답하신대요. "내가 장수의 비결을 알려주면 자네는 오래 살 자신 있는가?" 아무리 장수의 비결을 알아도 살고 죽는 것은 내가 어찌할 수 없다는 얘기죠. 왜 그렇게 오래 사느냐고 물으면 "하늘이 안 불러 가는데 뭐 어쩌느냐"라고 대답하신대요. 저는 그 이야기가 기억에 남았어요. 그래서 내가 죽고 싶다고 생각하는 것 자체가 뭔가 잘못된 거라고 봐요. 그건 사는 방법을 몰라서 그래요. 삶의 가치는 누구에게나 있어요.

건강교실이나 건강세미나가 아주 많잖아요. 텔레비전에도 그런 것들이 넘쳐나고요. 그런데 그 건강한 몸으로 뭘 하려고 하는지는 왜 고민해보지 않나 싶어요. 사람은 병든 몸을 가지고도 보람 있는 일을 많이 할 수 있는 존재예요. 그런데 사람들은 육체적 건강만 생각하죠. 그걸 가지고 무엇을 할 것인지는 생각하지 않는 건 안타까운 일이에요. 영문을 모르는 고통은 욥만 겪는 게 아니라 우리도 겪잖아요. 이유 없이 닥치는 고통, 욥의 이야기는 사실 우리 모두에게 해당되는 얘기라고 할 수 있죠.

김 제가 거라사 광인 이야기를 통해 정말로 하고 싶었던 이야기가 있었어요. 그는 자기 이름도 말하지 못하는 사람이에요. 그건 일종의 실어증이라고 생각했어요. 아무도 그 이름을 불러주지 않고 말도 걸어주지 않았죠. 저는 거기에 '사회적 실어증'이라는 이름을 붙였어요. 제가 20년 전 무능력에 관한 연구를 하던 중에 노숙자를 한 분 만났어요. IMF 때 중소기업에서 퇴직당하고, 재취업이 어려워지면서 가정불화가 심해진 끝에 노숙자가 된 경우였어요. 그 사람은 항상 제 질문과 상관없는 말들로 횡설수설했어요. 일관된 이야기라곤 목욕하게 돈을 달라는 것뿐이었고요. 그분에 대해 알 수 있는 게 없어서 수소문 끝에 그분의 집을 찾아갔더니, 그는 가정폭력으로 아내와 아들을 너무 괴롭혀서 온 동네가 알 정도인 사람이었어요. 가끔 술 먹고 집에 들어오는데 혹시 전세보증금이라도 빼 가면 식구들이 길거리에 나앉을 수도 있으니 당시 동사무소 복지사의 권유로 한정치산자 등록을 했고요. 이 제도는 그런 정신질환 등으로 판단에 장애가 있는 사람이 불이익당하지 않게 하려고 만들어진 것인데, 이 경우는 반대로 그 사람 때문에 가족이 피해를 당하지 않게 하려는 것이었죠.

저는 민중을 이야기하고 싶었지만, 제가 본 그 민중은 굉장히 폭력적인 사람이었어요. 그런데 제가 보기에는 이 사람의 삶이 처음부터 그랬던 게 아니라, 실직으로 인한 경제적 어려움과 가정불화, 그러면서 차츰 폭력에 중독된 상황 등 사회적인 문제가 누적된 결과였어요. 하지만 이 사람은 제게 구구절절 변명하지 못했어요. 오히려 혐오가 느껴지도록 말하고 행동했죠. 이 사람을 대변해주고 싶은데, 도저히 그럴 수 없게 구는 거예요. 그 사람이 살던 곳에서는 그를 증오하는 이야기만 가득했어요. 그러다 보면 이 사람이 처음부터 나빴기 때문에 실직당하고 노숙자가 되었다는 인과론이 사람들한테 더 설득력 있어지는 거예요. 이 사람은 자신을 해명하지 못했고, 유일하게 할 수 있는 행동은 폭력이며, 저에게는 돈 좀 달라는 얘기 정도였어요. 이 사람의 말은 소통을 일으키는 언어가 되지는 못했죠. 저는 이것을 '사회적 실어증'이라고 표현했고요.

그런데 욥은 반대예요. 자신에게 공감할 수밖에 없도록 아주 멋진 언어로 표현하잖아요. 사회적 실어증에 걸린 거라사 광인이나 멋진 언어를 가진 욥이나 죽은 것과 다름없이 살잖아요. 이들에게 부여된 해석의 유사점은 인과론이에요. 이들이 절망적인 상황에 놓인 것은 이들의 잘못 때문이라는 인과성의 논리죠. 통념은 개인에게 책임을 부과하고 싶어 해요. 한 사람은 자신을 설명할 수 없고, 다른 한 사람은 설명하다 지쳐서 이 세계에서 스스로를 지우고 싶어 하죠. 한 사람은 그로테스크하고 다른 한 사람은 아주 멋지지만, 결국 둘 다 실어증 상태죠. 그들이 '죽은 공간에 산다'는 제 말은 바로 그런 뜻이었어요.

이 욥기의 마지막에 보면 결국 욥이 하느님과 대화하게 되잖아요.

별안간 하느님이 나타나서 '네가 뭐 그리 잘났냐, 천지 창조할 때 너는 어디 있었느냐' 등등 이런저런 실랑이를 하잖아요. 그러다 욥이 '제가 아무것도 몰랐습니다, 제가 얼마나 하찮은지도 몰랐습니다' 이렇게 자기 고백을 해요. 그러다가 '제가 마침내 소문으로만 듣던 당신을 이제 눈으로 보게 되었습니다' 하고 이야기합니다. 욥기에서 한 구절만 꼽아보라면 저는 이 부분을 꼽겠어요. 결국 욥기를 쓴 사람이 하고 싶었던 말은 이게 아닌가 싶어요. 살다보면 곤경이, 영문도 모르는 역경이 오는데 어쨌건 그걸 견디고 겪어야 해요. 그러다 3인칭으로 만나던 신神을 2인칭으로 만나는 거죠. 이것은 신앙의 관점에서 굉장한 도약이에요. 차원이 달라지는 거죠.

3차원의 하느님은 여기에 안 계셔도, 직접 보지 않아도 얼마든지 이야기할 수 있어요. 욥의 친구들이 말하는 하느님은 전부 3인칭이에요. 욥에게는 그것이 '당신'이라는 2인칭으로 바뀌는 거죠. '당신'이라고 하려면 서로 눈을 마주하고 앉아야 해요. 세상은 달라지지 않았어요. 욥의 눈이 달라진 거죠. 하느님은 늘 그 자리에 계셨지만 그 전에는 3인칭으로 보였던 거예요. 다들 그렇게 말하니까, 누가 설명해주는 하느님이 전부인 줄 알았다가 대면하게 된다는 것, 그게 욥기가 정말 하고 싶었던 이야기 아니었을까요. '너에게 이 고통이 왜 왔을까, 다시 한 번 눈을 떠보면 세상을 새롭게 볼 수 있지 않겠는가' 이런 메시지를 주고 싶었던 것 같아요. 사실 이런 경험을 한 사람들이 한둘은 아니죠.

AA 모임(익명의 알코올중독자 모임)을 통해 술만 끊은 것이 아니라 사람이 완전히 달라진 경우, 세계관이나 인간을 보는 관점이 완전히 달라진 경우도 있어요. 누군가 그 사람에게 '이 세상에서 받은 가장 큰 선물이 있다면 무엇인가?'라고 묻자 그 사람이 '알코올'이라고 답했어요. 술 먹기 전에는 못 보던 세상을 보게 되었다는 거예요. 아까 말씀하신 노숙자의 경우처럼, 살면서 이런저런 일을 겪는 데 혹시 어떤 목적이 있다면, 새로운 세상을 보는 눈을 뜨는 데 있지 않겠는가 싶어요. 그래서 알아듣거나 못 알아듣거나 그 이야기를 계속 할 가치가 있다고 봐요. 무언가를 '아하, 이게 그거네!' 하고 안다는 것은 의미가 있죠. 처음에도 알고는 있었지만 보지는 못했던 것, 얘기만 듣고 몰랐던 것을 막상 딱 마주하고는 '아하, 이게 그거구나!' 이것이 종교에서 말하는 '아하!' 하고 눈뜨는 것이죠.

탕자가 집 나갔다 돌아오면 집이 전과 달라 보이는 것처럼. 그러니까 종교는 결국 눈뜨자는 얘기 아닌가, 그러다 어느 순간 어떤 경험을 통해서 '옛날에 들었던 말이 바로 이거구나' 하게 되는 거 아닌가 싶습니다. 그렇게 보면 이런저런 경험이 전부 소중하고, 그 경험들이 전부 우리를 눈뜨는 데로 데려가는 것 아닌가 해요.

제가 볼 때는 사람들이 전부 이 세상에 무언가를 배우러 왔는데, 그중 상당수가 '아, 허망하다는 게 이런 거구나'를 배우러 온 것 같아요. 그래서 저렇게 허망한 짓들을 하는 거 아닌가. 해보지 않으면 알 수 없잖아요. 관념만으로는 알 수 없고 저질러봐야 허망함이 뭐고, 실속이 뭔지 알아요. '실낙원'을 해야 '낙원'이 뭔지 알 수 있는 이치죠. 그러니까 진짜로 '허망한' 인생이란 없는 거죠.

그렇게 이런저런 일들이 이해할 수 없는 모양으로 벌어지지만 궁극적으로는 한 개인이 아니라 인류가 눈을 뜨는 데로 가고 있다고 봐요. 개개인이 눈을 뜨면 인류 전체가 영향을 받는다는 생각에, 그래서 제가 만나는 아이들이 듣거나 말거나 계속 이야기하게 돼요. 아마 아이들은 아직 못 알아들을 거예요. 제가 어렸을 때 아버지가 "천지인天地人 삼재三才가 콩 한 알에 들었으니 함부로 먹지 마라" 하셨는데, 그때는 못 알아들었어요. 그러다 언젠가 책에서 그 말을 보니까 '아하!' 하고 알겠더라고요.

김 제가 보기에는 욥이 절망 끝에 신을 보았다고 고백하는 장면은 글 쓴 사람 입장에서 본 경험 같아요. 많은 경우, 그런 경험을 극복하더라도 결국 트라우마 속에 살아가거든요.

이 그것도 의미가 있다고 봐요.

김 성서 본문을 보면 욥은 죽지 못해 사는 게 아니라, 그냥 자기 안에서 사투를 벌이는 거예요. 거기서 살아남은 후에도 잔혹한 흔적을 안고 살겠죠. 그 흔적이 때론 멋지다가도 때로는 그 사람을 끊임없이 괴롭힐 것 같거든요. 저는 여기서 인과성의 폭력을 이야기하고 싶어요. 누군가 불행과 고통, 삶과 죽음의 경계에 맞닥뜨리면 사람들은 보통 그걸 인과적으로 설명하려고 해요. '왜 저렇게 되었을까?' 그 사람한테서 문제를 찾는 거죠. 욥기가 그런 경우고요.

공부 열심히 한다고 취직 잘되고 잘 산다는 보장이 없잖아요. 우리 삶에는 변수나 예측할 수 없는 일이 너무 많아요. 유리한 조건을 타고나도 끝까지 유리하게 사는 것도 아니죠. 그럼에도 인과적인 해석이 우리 삶과 죽음에 끼어있어요. 이건 너무 인습적이에요. 이런 해석들에 맞설 수 있어야 죽음에 대한 오해와 오독을 비판적으로 성찰할 수 있지 않을까요.

이 '이렇게 하면 이렇게 될 것이다'라고 생각하는 게 잘못은 아니지만 그리 된다는 보장도 없어요. 예수가 '내일 걱정은 하지 말라'고 한 얘기도 그래서가 아닌가 싶어요. 지금 죽음에 대해 생각하는 것도 당장이 아니라 다가올 미래에 대한 얘기죠. 그게 잘못되면 지금 내가 여기서 이 과자를 먹어야 하는데 마음이 저리로 가게 돼요. 그러면 과자는 맛이 없어져요. 정말 중요한 건 오늘 하루 어떻게 사느냐, 그뿐이에요. 어제나 내일에 대해서는 할 수 있는 게 없어요. 지금 여기가 제일 중요하고 이것뿐인데, 생각은 항상 과거나 미래로 왔다 갔다 하죠.

말씀하신 사건에 대한 해석도 중요하지만, 지금 내가 해야 할 일에서 눈길을 돌리게 만드는 것은 마찬가지예요. 이건 좀 조심해야 할 것 같아요. 지금 여기, 이 순간 저에게 가장 중요한 사람은 제 앞에 계신 김 선생님입니다. 지금 제가 만나고 있는 사람은 다른 사람이 아니라 바로 김 선생님이니까요. 이 자리에 없는 다른 누군가가 아니라, 바로 지금 이 자리에 함께 있는 사람에게 초점을 맞추자는 것이 선각자들의 이야기 같아요.

제가 어렸을 때 교인 30명 정도 되는 아주 작은 시골 교회에 다녔어요. 한번은 그 교회에 목사님이 새로 오셨어요. 미국에서 신학을 공부하고 충주 시골까지 오신 목사님이었어요. 그분이 이런 말씀을 하셨어요. "너희들은 꿈을 좀 잘 꾸어라. 나는 꿈꾸는 데 실패한 사람이다." 그분은 아주 시골에서 태어나 자라면서 미국유학 가는 것을 꿈꿨대요. 당시 시골 아이에게는 대단한 꿈이었어요. 그러다 보니 길이 열려서 고등학교부터 미국에서 공부해 결국 목사가 되었어요. 그리고 돌아오는 비행기에서 '내 꿈이 이루어졌구나' 생각해보니 정작 기쁘지도 흐뭇하지도 않더라는 거예요. '꿈꾸던 게 다 이루어졌는데 허망하구나, 이제는 어떻게 살지?' 싶으셨대요. 그리고 중학생인 우리들을 앉혀놓고 말씀하셨어요. "나는 실패한 사람이야. 너희는 이 세상에서 이루어질 것을 꿈꾸지 마라. 이루어진다면 허망하다. 대학교수가 되는 것이 꿈이라면 되어도 허망하고, 안되어도 허망하다. 너희들은 이루어질 것을 꿈꾸지 마라. 그러나 동시에 지금 당장 할 수 있는 것을 꿈꿔라." 이런 이야기를 하셨어요. 그때는 무슨 말인지 솔직히 몰랐어요. 그렇지만 그 말이 귀에 쏙 들어왔어요. 그래서 저는 궁리 끝에 성자聖子가 되기로 마음을 먹었어요. 살다보니 그 꿈 가지고 살면 성자되기 글렀다는 것을 알게 됐지만, 그때 그 목사님 말씀의 핵심은 이거였어요. '외형적인 꿈은 이루어지든 안 이루어지든 허망한 것이다. 그러니 죽을 때까지 이루어질 수 없는 것을 꿈꿔라. 모세가 가나안 땅을 보지 못하고 죽었지 않니. 그러나 지금 현재 네가 할 수 없는 것은 꿈꾸지 마라.' 이 말이 저에게 참 크게 남았고, 그래서 어떻게 하면 성자가 되는지를 찾아봤죠. 성자들의 이야기를 읽고 그 사람들에 대해서 공부했어요. 결국 '꿈은 좋다. 그러나 지금 여기서 할 수 있는 것이 아니라면 그건 꿈이 아니다. 그러나 죽을 때까지 해도 다 못하는 것, 그것이 꿈이 되어야 한다.'는 얘기였어요.

우리는 인간이니까 과거나 미래에 대해서도 이야기해야 해요. 그러나 그 이야기가 오늘 여기 내 삶에 도움이 되어야 해요. 우린 아직 살아있잖아요. 죽음에 대한 이야기를 하는 것은 좋은데, 그것이 오늘 하루를 어떻게 살아가야 하는지로 귀결되어야 한다고 봐요. 교회 설교들도 마찬가지고요.

김 이 죽음은 종교하고도 밀접한 관련이 있는데, 저에게 제일 처음 떠오른 단어는 '공포마케팅'이었어요. 특히 개신교가 이런 것을 많이 이용하고 있어요.

이 맞아요, 겁을 주죠. 목사들부터 우선 회개해야겠죠. 한두 사람이라도 좋으니까 그동안 교회에서 배운 것이 크게 잘못되었구나, 예수의 가르침과는 너무 다르구나 하는 것을 알아차리는 사람들이 좀 생겨났으면 좋겠어요. 그럴 거라고 봐요.

김 사람이 죽음 앞에 서면 성찰의 계기가 되잖아요. 그 성찰은 내 행동의 변화를 가져오고요. 교회가 사용하는 공포마케팅도 그와 비슷해요. 죽음을 생각하면서 신앙생활을 변화시켜야 한다는 거죠. 종교적인 삶의 태도가 변화해야 한다고 말할 때, 그 경계가 무엇일까요?

이 같은 말이지만 속셈이 문제겠죠. 사도행전에서 어느 부부가 재산을 팔아 숨겨놨다가 별안간 죽잖아요. 저는 그때 베드로가 아주 큰 실수를 했다고 생각해요. '너는 사람을 속인 것이 아니라 하느님을 속인 거야!' 하고 말하니까 이 사람들이 심장이 멎어서 바로 죽었어요. 그러니 사람들이 하느님을 두려워하게 되죠. 예수가 늘 '하느님은 두려운 분이 아니야, 무조건 이유도 없이 사랑하시는 분이야, 어떤 잘못을 해도 벌주지 않아' 하고 말씀하시면서 사람들 마음속에 있는 하느님에 대한 두려움을 씻으려고 그렇게 애를 쓰셨는데, 제자라는 사람이 '그 뒤로 사람들이 두려워하더라' 하고 말한 순간에 교회에 두려움이 들어온 거예요. 이건 분명 잘못이에요. 제가 보기엔 아직도 사람들이 이런 잘못을 저지르고 있어요.

물론 베드로 말이 틀린 것은 아니에요. 그 부부가 속인 것은 사실이죠. 하지만 같은 말도 조금 다르게 할 수 있잖아요. 제가 상상을 해보자면, 아나니아를 살짝 불러다가 이렇게 어깨를 끌어안고 일단 안심시킨 뒤에 '정말이야? 괜찮으니, 솔직하게 말해봐' 하면, '사실은요, 제가 몰래 숨겨놨습니다' 했을 거예요. '그러면 어떻게 할래?' 이렇게 물어봤더라면, 그래도 심장이 멎어서 죽었을까요?

결국 어떤 이야기를 하느냐가 아니라, 이야기하는 사람 마음속에 무엇이 있느냐가 중요한 거죠. 겁줘서 헌금 많이 걷고 이 체제를 유지하려는 것이냐, 무언가에 눈뜨도록 사실을 말해주는 것이냐. 그 점에서 저는 현재 기독교 목사들이 베드로와 같은 실수를 하고 있다고 봐요. 그들의 말 자체가 틀리지는 않았을 거예요. 그 말을 하는 심보, 왜 그 이야기를 하느냐가 문제예요. 이 교회를 지키기 위해서냐, 한 인간을 사랑하기 때문이냐.

김 수년 전 천안함 사태가 났을 때, 아주 빠르게 북한의 소행이라는 '설說'이 만들어지고, 국가 안보에 대한 공포가 생겨났어요. 공포마케팅의 전형이죠. 죽음에 대한 성찰과 공포마케팅이 다른 점은, 성찰이 끊임없는 재해석을 해나가는 데 반해 공포 마케팅은 재해석이 멈춰 굳어져버렸다는 거예요. 공포마케팅의 전형적인 담론 양식은 다른 관점으로 문제를 제기하고 토론하고 해석할 여지를 막아버린다는 거예요. 교회가 신의 이름을 빙자해서 그걸 아주 잘 이용하고 있죠. 신은 아주 경직되어 있고, 다양한 해석을 허용하지 않으며, 그분 혼자 말하고 우리는 듣기만 해야 한다는 거죠. 이것이 답이라고 하면서 모든 질문과 토론의 가능성을 차단해요. 교회나 국가가 하는 공포마케팅은 특정한 해석을 과잉 규정하면서 사람들이 성찰하고 반성하고 재해석할 기회를 뺏는 것 같아요. 죽음 앞에 선 인간을 퇴행시키는 거죠.

이 그래요, 그 사람들이 겁이 많아서 그래요. 공포마케팅을 활용하는 사람들 스스로 공포마케팅에 속아 넘어가고 있다는 사실을 모르는 거죠. 공포마케팅은 사람에게 죽음이 아니라 공포를 보게 만들죠. 겁에 질리면 눈앞이 안 보이잖아요. 그러나 겁나는 것 한가운데를 가만히 들여다보면, 그 안에도 틈이 있어요. 제가 신학교에 다닐 때 유동식 선생님이 하루는 수업시간에 "네모난 방 안에 잔뜩 성난 황소와 네가 단둘이 있다. 너는 구석에 몰려있고, 황소는 거친 뿔을 앞세워 너에게 돌진해온다. 자, 이제 어떻게 할래?" 하고 물으셨어요. 친구들은 뿔을 잡고 쓰러뜨린다든가, 눈을 감아버린다든가, 이런저런 답을 내놓았어요. 그때 누가 "그러면 선생님은 어떻게 하실 거예요?"라고 물었더니 선생님이 대답하셨어요. "뿔과 뿔 사이로 쏙 빠져나간다!" 뿔과 뿔 사이를 보면 틈이 있다는 거예요. 뿔만 보고 있으면 그 사실

이 보이지 않아요.

복음서에서도 풍랑 속에서 제자들이 벌벌 떠는 장면이 있어요. 아무리 스승과 제자의 차이가 있다 해도 누구는 그 상황에서 태평스레 잠을 자고, 누구는 공포에 떠는 것일까. 그래서 제 마음속으로 스승님께 여쭈어보았어요. 선생님이 이렇게 대답하셨어요. '그때 그 배에서 단 한 사람만 깨어있었다. 나머지는 모두 잠자고 있었다.' 저는 '아뇨, 성서 보면 다 깨어있고 선생님 혼자 주무시던데요?' 이렇게 말씀드리니까 '아냐, 다 잠자고 있었어. 나 혼자 깨어있었다. 그 말은, 내가 어디에 있든 아버지 품안에 있다는 사실을 알고 있었다는 뜻이야. 그 친구들은 풍랑 위에 있었지만, 나는 아버지 품 안에 있었다. 그들은 그것을 몰랐고, 나는 알고 있었을 뿐이야.' 이런 대답을 들었어요.

김 언젠가 목사님이 생선 가시가 목에 걸려 말이 나오지 않았을 때 그 가시와 대화를 하셨다고 했는데, 저는 이렇게 말을 할 수 없는 대상과 대화를 나누는 자세가 중요하다고 느껴져요. 얼마 전에 유행한 〈호텔 델루나〉라는 드라마에서도 죽음을 다뤘는데요. 그 호텔은 죽은 사람들이 사후세계로 가기 전에 잠시 쉬는 공간이에요. 그 호텔 운영자는 죽지 않고 영원히 살아가는 존재고, 다른 투숙객들은 정해진 시간 속에 살면서 온갖 사연을 품고 죽어서 그곳으로 가요. 죽지 않는다고 하면 보통 신처럼 생각하지만, 그 존재는 사실 벌을 받는 중이에요. 살아있는 사람들은 죽음이 두렵고 피하고 싶지만, 그 호텔 주인은 죽고 싶어도 못 죽는 거죠. 어쨌든 이 드라마의 특징은 영원히 사는 존재와 순간을 사는 존재가 서로 대화하면서 나름의 사연을 풀어나간다는 거예요.

이 어떻게 각자 그 고통에서 벗어나요?

김 대화하면서 해결되는 사람도 있고, 해결이 안되더라도 스스로 납득하는 사람도 있어요. 죽지 못하는 존재도 대화를 통해 자신의 죄를 돌아보고 그것을 넘어서게 돼요. 인과응보가 아니라 각자의 자유를 찾아가는 거예요. 그 대화의 과정 자체가 해방이죠. 억울한 죽음을 당한 사람이 되살아난다거나 하는 일은 없지만, 그 과정에서 순간순간 그런 일이 일어나는 거예요.

이 그게 어쩌면 이 세상을 아주 잘 설명한 것일지도 몰라요.

김 제 생각도 그래요. 우리가 이 세상에서 살고 죽는 것이 뜻대로 안되잖아요. 그래도 그 안에서 기쁨을 누리고, 삶을 이어나가고, 다음 단계로 나아가야 하잖아요. 제가 보기에는 그 사이에 두 존재의 '소통'이 있었어요. 죽지 못하는 자와 죽은 자의 대화가 있었죠. 그 두 존재가 서로 얽혀있고, 서로가 필요하기 때문에 대화하는 거예요. 죽음이 무엇인지, 죽음을 성찰한다는 것이 무엇인지, 이 드라마를 통해 읽을 수 있는 메시지는 '대화'라고 생각해요.

이 사거리에 있는 붉은 신호등은 '멈추시오', 푸른 신호등은 '가시오'라는 뜻이잖아요. 이 붉은 신호등의 목적은 무엇인가. 그냥 거기 있으라는 얘기인가? 아뇨, 잘 가라는 얘기예요. 그러니까 결국은 둘 다 교통이 잘 돌아가게 하려고 있는 거죠. 죽음도 결국 그런 것 아니겠는가. 저는 붉은 신호등이 '붉은색 푸른 신호등'이라고 봐요. 결국은 잘 가게 하기 위한 것, 색깔이 붉게 보이지만 본질은 푸른 신호등이죠. 죽음과 삶도 그렇게 볼 수 있지 않을까요. '있는 것은 생명이고, 죽음은 생명이 부족한 것이다. 죽기 위해 사는 것이 아니라, 살기 위해서 죽음이 필요한 것이다.' 죽음이 없으면 삶이 제대로 굴러가지 않아요.

예수님이 '밀알 한 알' 이야기를 하실 때, 그분은 '죽음'이라고 말씀하지 않아요. 사실 밀알은 죽지 않아요. 밀알이 죽으면 아무것도 못 나오잖아요. 그 씨앗은 죽으면 안되고, 죽을 수도 없어요. 그렇게 보면 본질적으로 죽음이란 없는 거예요. 마치 어둠이란 게 없는 것처럼. 죽음이 삶의 한 과정이자 삶의 부속품으로 필수적인 것이고, 죽음이 있어 삶이 가능하다는 관점으로 죽음을 보고 경험할 수 있다면 쓸데없이 죽음을 두려워할 필요가 없을 거예요. 풍랑 이는 바다라고 생각하면 겁날 수도 있겠지만, 아버지 품이라고 생각하면 겁날 이유가 없잖아요. 아까도 이야기했다시피 종교의 핵심은 결국 눈뜨는 거라고 생각해요.
그러면 다른 것은 저절로 다 이루어져요.

김 눈을 뜬다는 것은 결국 '내가 생각한다'는 거겠죠?

이 그렇죠. 다시 생각한다는 거예요. 세상이 다시 보이는 거죠.

김 마무리하면서 좀 다른 이야기를 하자면, 요즘 대중문화에서는
좀비zombie가 유행이에요. 좀비는 생각도 없고 이리저리 휘청
거리며 사는 존재인데, 좀비의 기원은 아이티Haiti라는 섬나라
의 부두교예요. 부두교에서는 시체를 매장한 뒤에 무속인이 죽
은 사람을 되살리는 의식을 해요. 그렇게 되살아나면 그 사람
은 무속인에게 영혼을 담보 잡힌 채 살게 되고, 혹은 누군가의
의뢰를 받아 그 사람을 살렸다면 그 누군가에게 영혼이 담보로
잡힌 채 사는 거죠. 그게 부두교에서 나온 좀비래요.
아이티는 사탕수수 식민지로 아프리카 흑인들을 노예로 삼았어
요. 아프리카에서 잡혀온 흑인들이 혹독한 환경에 자살을 많이
했는데, 그때 백인들이 흑인들의 자살을 막으려고 이 좀비 이야
기를 유포시킨 게 유럽으로 건너가 유행하게 된 거예요. 스스로
생각하지 않는 존재를 만든다는 점에서 종교의 공포마케팅이
이 좀비 만들기와 유사하다는 생각이 들어요. 오늘 목사님의 결
론이 '생각하는 존재로 살자'는 거잖아요. 이 생각을 혼자 하는

게 아니라 보이는 존재든 보이지 않는 존재든, 누군가와 대화하
면서 하는 거고요. 바로 그게 죽음 앞에서, 죽음을 직면해 살아
가는 우리 존재에 관한 물음의 초점이 아닐까 싶네요.

이 그래요. '대화'라는 말을 확장하면 '소통'인데, 소통은 존재의 근
본이에요. 그 소통이 막히면 존재도 없어지는 거죠.

김 과학적으로도 살아있다는 것은 주변과 끊임없이 소통한다는
것이에요.

이 그렇죠. 20~30년 전에 서울에서 시내버스를 기다리는데, 거기
아주 근사한 향나무가 있었어요. 정말로 커다란 고목이었는데
도 아주 싱싱하게 살아있었어요. 공기 나쁜 서울 한복판에 저
렇게 멋진 나무가 건강하게 살아있다는 게 놀라워서 제가 그

나무한테 말을 걸어봤어요. '너는 어쩜 그렇게 건강하게 잘 살아있냐, 혹시 어떤 비결이 있냐?' 하고요. 별 대답이 없는 것 같아서 마침 도착한 버스에 올라타려는데, 뒤통수에 대고 누가 말하는 것 같더라고요. '오프닝! 열려있었어. 하늘로도 열려있고, 땅으로도 열려있고. 내 몸은 저 하늘과 땅이 통하는 연통이야!' 입구멍이나 똥꾸멍 중 하나가 막히면 죽는 거예요. 살아있다는 건 말 그대로 '통通'이죠. 그러니까 하늘과 땅이 내 몸을 통해서, 이렇게 통하고 있어서 내가 살아있다는 거예요.

말씀하신 것처럼, 오늘 이 시대의 가장 핵심적인 문제 중 하나가 서로 말이 통하지 않는다는 거예요. 서로 반대하거나 의견이 맞지 않는 것은 괜찮아요. 사물을 보는 눈이 다르니까 그럴 수도 있죠. 그런데 내가 보는 것이 전부라고 우기는 건 말이 안되잖아요. 저는 지금 김 선생의 앞모습밖에 보지 못해요. 뒷모습은 안 보여요. 그런데도 내가 본 것이 전부라고 말하면 곤란하잖아요. '내가 보는 것에도 한계가 있고, 네가 보는 것에도 한계가 있으니 우리 서로의 이야기에 귀기울여보자' 하고 서로 존중하면 좋을 텐데, 지금은 서로 반대하는 모습 밖에 안 보이는 것 같아요. 종교계도 마찬가지구요.

참 갑갑한 세상이지만, 그래도 선생님과 제가 꽤 많은 이야기를 나누었잖아요. 저는 우리가 잘 소통한 거라고 봐요. 이것이 독자들하고도 잘 소통되고, 조금이나마 서로 통할 수 있는 사회를 만들어 가는 방법은 별다른 게 없어요. '내 것'을 고집하지 말고 좀 비우는 거예요. 저 사람의 이야기가 좀 들어올 수 있도록요. 그것은 각자 해야 해요. 내가 '나'로 가득 차있으면 저 사람이 나에게 들어올 수 없잖아요. 그래서 서로 소통하는 문화가 좀 있으면 좋겠어요.

어제 중학교 아이들과 수업하던 중에 제가 문제를 냈어요. "코끼리가 한 마리 있는데, 장님들이 가득 모여서 이 코끼리를 만지고 있다. 그런데 어떻게 하면 장님들이 코끼리를 온전하게 볼 수 있을까?" 그리고 아이들에게 모둠별로 토론을 해서 결론을 가지고 오라고 했어요. 이 녀석들이 아주 재미난 대답도 많이 했지만, 모둠 전체에 공통점이 있었어요. 그건 각자가 경험한 코끼리에 대해 털어놓고, 그것을 다 모아보자는 거였어요. 그렇게 하면 진짜 코끼리의 모습을 그릴 수 있지 않겠느냐고요.

사실 이 아이들이 어떤 답을 내느냐는 중요하지 않았어요. 다만 자기가 본 것을 고집하지 않고, 그게 전부라 우기지 않고, '내가 아는 것은 전체의 부분일 뿐이야, 그러니 우리가 아는 것을 서로 모아보자' 이렇게 생각해보자는 거예요. "그래, 너희는 앞으로 그렇게 살아보렴. 경쟁하지 말고, 서로 합해서 살아가야지. 경쟁이라는 건 참 웃기는 거야. 너희들 모두에게서 그런 답이 나왔다는 것에 나는 참 기분이 좋다." 하고 말했어요. 아이들이 그렇게 자라면 지금 우리가 보는 세상과는 좀 다른 세상이 되지 않을까요.

김 지금까지 우리가 나눈 모든 이야기의 결론이 바로 이것 같아요. 죽음과 더 소통하고, 그 소통을 가로막는 제도나 편견 등을 극복하기 위한 사회적인 노력과 개인적인 성찰을 곁들이는 것. 그리고 정말 제대로 된 소통이 필요할 것 같아요.